BEAT KOELLIKER

100 DINGE
DIE SIE SCHON IMMER ÜBER
WEIN
WISSEN WOLLTEN

Hallwag

Inhaltsverzeichnis

Liebe Weinfreundin, lieber Weinfreund,

es gibt bestimmt mehr als tausend Dinge, die Sie über Wein wissen möchten. Daraus habe ich jene 100 herausgegriffen, von denen Sie vielleicht selbst denken, dass Sie sie tatsächlich wissen sollten.
Weinliebhaber sind bekanntlich intelligente und neugierige Wesen. Ihre Wissbegierde kennt – wie bei allen Liebhabern – kaum Grenzen. Genau das durfte ich in den vielen Weinseminaren erfahren, die ich in den letzten Jahren leiten konnte. Je weiter der Abend fortschritt, um so mehr haben sich die Zungen gelöst und fast jeder hatte Fragen: Zur Weinbereitung, zu den Gläsern, zu den Weinregionen, zur Technik des Verkostens, zur Geschichte, zu den Preisen und vielem mehr. Aus all diesen Fragen habe ich die herausgegriffen, die mir besonders häufig und immer wieder gestellt wurden. Sie bilden den Grundstock der Themen auf den folgenden Seiten. Dazu gesellt sich aber auch eine kleine Auswahl an Fragen, die besonders originell oder doch überraschend waren, etwa die nach dem Messwein oder nach den vegetarischen Weinen.
Das Frage-und-Antwort-Spiel zwischen Weinfreunden stand also am Anfang dieses Buches, Fragen wurden gestellt und in angeregter Runde diskutiert. Ich hoffe, dass die Antworten dazu beitragen können, auch Ihren Genuss am Wein zu erweitern und zu vertiefen. Doch vergessen Sie eines nicht: Am meisten lernen Sie über Wein, indem Sie ihn trinken und genießen. Learning by tasting.

WEIN KAUFEN

Wir alle kennen den Stress im Laden: Hunderte von Flaschen stehen im Regal und geben außer dem Preisschild und ein paar dürren Informationen auf dem Etikett wenig preis über ihren Inhalt. In diesem Kapitel finden Sie Hinweise zu Stressabbau und Taktik beim Händler und damit zur Vorfreude auf den nächsten Weinkauf.

Wie erkenne ich einen guten Weinhändler?

Ein guter Weinhändler hat eigentlich immer zwei Hüte auf: Er ist Fachmann für Wein und Berater für Sie.

DER FACHMANN Ein guter Weinhändler ist meist auf ein bestimmtes Weingebiet spezialisiert. Er kennt seine Winzer seit Jahren und weiß genau, dass er ihrer Arbeit in Weinberg und Keller vertrauen kann. Das gibt auch Ihnen als Kunde Sicherheit. Ob ein Weinhändler zu dieser Kategorie zählt, erfahren Sie im Gespräch mit ihm: Kennt er seine Winzer persönlich, und zwar nicht nur die Stars, sondern auch die versteckten Perlen und Talente, die er vielleicht selbst aufgespürt hat? Ist er vertraut mit der Region und ihrem Charakter? Und schließlich: Wie behandelt er selbst seine Flaschen? Stehen Sie lieblos in den Regalen, vielleicht sogar unter der Neonröhre oder an der Sonne? Oder werden sie sorgfältig nach allen Regeln der Kunst gelagert und gepflegt – also liegend, dunkel, bei konstanter Temperatur und ohne Erschütterungen? Kurz, bei einem guten Weinhändler spüren Sie Kennerschaft und Passion.

DER BERATER Ein guter Weinhändler will Ihnen nicht nur Wein verkaufen, sondern nimmt Sie als Kunde ernst und versucht Ihre Bedürfnisse möglichst genau zu verstehen: Wo liegen Ihre Vorlieben, zu welchem Anlass soll der Wein getrunken werden und – nicht zuletzt – wie steht es um Ihre Preisvorstellungen? Vielleicht öffnet er sogar die eine oder andere Flasche für Sie. Nur mit diesem Wissen kann er aus seinem Sortiment die Weine für Sie auswählen, die Ihnen später auch Freude bereiten.

Was muss ich beachten, wenn ich beim Winzer einkaufe?

»Wer das Dichten will verstehen, muss ins Land der Dichtung gehen; wer den Dichter will verstehen, muss in Dichters Lande gehen.« Schreibt Goethe. Und was für die Dichtung gilt, gilt in gleichem Maße für den Wein, zu dem die Dichter bekanntlich eine gewisse Affinität besitzen. Auch der Wein ist ein Kind seiner Landschaft mit ihrem Klima, ihren Traditionen, ihren Bewohnern und nicht zuletzt ihrer Küche. Man kann einem Weinfreund nur ans Herz legen, ins Land des Weins zu pilgern, mit den Winzern zu sprechen und mit ihnen die Weine zu verkosten.

VOR EINEM BESUCH

Auch der Winzer hat seinen Arbeits- und Tagesplan. Überfallen Sie ihn also nicht, sondern melden Sie sich an. Nur so kann er sich Ihnen in aller Ruhe widmen und vielleicht sogar eine Degustation vorbereiten. Meiden Sie die Zeiten der Weinlese, dann hat er nämlich wirklich keine Zeit für Sie.
Erkundigen Sie sich, ob es in der Region Tage der offenen Kellertüren gibt.
Im Übrigen ist es eine Frage der Höflichkeit, einem Winzer, der Ihnen alle seine Weine präsentiert hat, mindestens ein paar Flaschen abzukaufen.
Erwarten Sie aber nicht unbedingt einen günstigeren Preis, denn der Winzer kann und darf seinen eigenen Weinhändlern nicht selbst Konkurrenz bereiten.
Umgekehrt ist aber auch etwas Vorsicht geboten: In der stimmungsvollen Atmosphäre eines Weinkellers schmeckt auch ein mittelmäßiger Wein besonders gut.
Und schließlich: Denken Sie an die Größe Ihres Kofferraums und den Transport. Kein Wein liebt es, tagelang im Auto herumkutschiert zu werden.

Kann ich guten Wein auch im Supermarkt kaufen?

Vielleicht haben Sie selbst schon festgestellt, dass die Weinabteilungen in Kaufhäusern, Supermärkten und bei den Discountern von Jahr zu Jahr wachsen. Diese Branche hat den Wein als Umsatzträger entdeckt und lockt mit viel Werbeaufwand Kunden in ihre Geschäfte. Das Angebot wird erweitert und nach Qualität und Preis breiter gefächert. Man kann daher in vielen Kaufhäusern, ja sogar in Supermärkten durchaus ernst zu nehmende Weinabteilungen finden. In einigen wird man sogar von geschultem Personal fachkundig beraten.

BILLIG IST NICHT GLEICH PREISWERT

Meist teilt sich das Angebot aber in zwei grundsätzlich unterschiedliche Segmente. Beim ersten geht es vor allem um den Preis. Es gilt die Devise »Geiz ist geil«. Auch wenn ein billiger Wein nicht unbedingt schlecht sein muss, so ist unter einer Grenze von ungefähr 4 € doch größte Vorsicht geboten. Auf der anderen Seite findet man qualitativ sehr gute Weine zu oft erstaunlichen Preisen auch in Kaufhäusern und Supermärkten. Nur, wie finden? Informationen zu diesem Thema bekommen Sie in speziellen Weinführern beziehungsweise Artikeln in Zeitungen und Zeitschriften, die das Weinangebot in diesen Geschäften testen und bewerten. Auf jeden Fall sollten Sie auch bei einem noch so verführerischen Angebot zuerst einmal zwei Testflaschen kaufen, sie in Ruhe zuhause verkosten und erst nach einer positiven Beurteilung der Verführung tatsächlich nachgeben.

Ist es riskant, Wein im Internet zu kaufen?

In Deutschland, der Schweiz und in Österreich gibt es eine ganze Reihe von Firmen, die ihre Weine auch oder sogar nur übers Internet anbieten. Für den Käufer eröffnet sich damit eine sehr attraktive Möglichkeit, die Informationen in aller Ruhe am Bildschirm zu studieren, Angebote zu vergleichen und sich den Wein dann bequem nach Hause liefern zu lassen.
Worauf sollten Sie achten?

- Stimmt die Gebindegröße für Sie? Oft werden die besonders günstigen Angebote an eine (zu) hohe Mindestmenge gebunden.
- Wie hoch sind die Transportkosten?
- Ist die Mehrwertsteuer im Preis inbegriffen?
- Was passiert, wenn die Lieferung fehlerhaft ist oder einfach Ihren Erwartungen nicht entspricht?

GUTE UND ZUVERLÄSSIGE INTERNETANBIETER

In Deutschland:
www.chateaudirect.de
www.hawesko.de
www.rindchen.de

In Österreich:
www.weinco.at

In der Schweiz:
www.chateaudirect.ch
www.moevenpick-wein.com
www.reichmuth.ch

Wie bestücke ich meinen neuen Weinkeller?

Diese Frage kann man kaum allgemeingültig beantworten. Der Keller eines Italienfreaks, der die Geselligkeit liebt und auf dessen Tisch die Weinflasche nie fehlt, sieht natürlich ganz anders aus als der Keller eines Paars, das nur am Sonntag eine (dann aber vielleicht ganz besondere) Flasche entkorkt. Der eine Weinliebhaber verfügt über einen geräumigen Keller, aber leider nur ein schmales Budget, und der andere über einen kleinen Keller und dafür über ein großzügiges Budget. Trotzdem möchte ich Ihnen einen Grundstock vorschlagen, aus dem sich dann Ihr individueller Weinkeller entwickeln kann:

LEICHTE FRISCH-FRUCHTIGE WEISSWEINE z. B. leichter deutscher Riesling oder österreichischer Grüner Veltliner, Riesling x Sylvaner, Chasselas, Sauvignon blanc aus Frankreich, spanischer Albariño: 12 Flaschen

KÖRPERREICHE CHARAKTERVOLLE WEISSWEINE z. B. gehaltvolle Chardonnays aus Frankreich oder der Neuen Welt, hochwertige Rieslinge aus Deutschland und Österreich, hochwertiger Grüner Veltliner, Petite Arvine, weiße Weine von der Rhône, Soave Classico: 12–18 Flaschen

JUNGE FRUCHTIGE ROTWEINE z. B. einfache Spätburgunder, Lemberger, Beaujolais, Côtes-du-Rhône-Villages, Valpolicella, Barbera: 18 Flaschen

CHARAKTERVOLLE KOMPLEXE ROTWEINE z. B. gehaltvolle Spätburgunder, Bordeaux, Burgunder, Rhône-Weine, Rioja, Penedès, Chianti Classico, Nero d'Avola, Barolo, Barbaresco, Cabernet und Syrah aus der Neuen Welt: 18–24 Flaschen

SCHAUMWEINE z. B. Prosecco, Cava, Crémant de Bourgogne, Franciacorta, Champagner: 6 Flaschen

SÜSSWEINE z. B. Spätlesen aus Deutschland, dem Elsass und aus Österreich, Sauternes, Vin Santo, Tokaj, Rivesaltes, Banyuls, Malaga, Portwein: 3–6 Flaschen

Was kostet die Herstellung einer Flasche Wein?

Je nach Betriebsgröße, Lage und Gefälle der Weinberge können die realen Kosten variieren.

MODELLRECHNUNG FÜR EINEN MITTELSTÄNDISCHEN BETRIEB IN DEUTSCHLAND	
Betriebsgröße:	10 Hektar
Ertrag pro Hektar:	9.000 l
Kosten im Weinberg (inkl. Pacht und Abschreibungen):	90.000 €
Kosten im Keller für die Flaschenweinbereitung (inkl. Maschinen- und Gebäudekosten):	100.000 €
Vermarktungskosten (inkl. Degustationsraum, Lager, Büro, Transporter):	80.000 €
Gesamtkosten für 90.000 l (120.000 Flaschen zu 0,75 l):	270.000 €
Produktionskosten pro Flasche:	2,25 €

Bei teuren oder steilen Lagen und/oder aufwendiger Kellerarbeit (z.B. Barrique-Einsatz) kann sich dieser Preis leicht verdoppeln oder verdreifachen. Diese Kosten muss ein Winzer unbedingt decken, sonst tritt er in einen ruinösen Verdrängungswettbewerb ein. Mit der Marge des Handels darf eine Flasche deutschen Weins also nicht weniger als 3–4 € kosten.
Auf der internationalen Ebene spielen viele andere Faktoren eine zusätzliche Rolle: Geringere Produktionskosten im Ursprungsland durch niedrigere Löhne, Wechselkursschwankungen, Transportkosten, Steuern und Zollabgaben. In den renommierten Weinbaugebieten sind die hohen Boden- und Traubenpreise ein zusätzlicher Kostenfaktor. So liegt der Hektarpreis für einen einfachen AC-Weinberg im Bordelais bei ca. 30–35.000 €, bei einem renommierten Château aber bei etwa 2 Mio. € und darüber.

Was sagt der Preis über die Qualität einer Flasche Wein?

Neben den Produktionskosten (siehe links) spielen natürlich der Markt und seine Gesetze eine entscheidende Rolle. Ist die Nachfrage größer als das Angebot, steigen mit ihr automatisch die Preise und umgekehrt.

ÜBERBEZAHLTE WEINE Am spektakulärsten kann man dieses Spiel bei den Preisexplosionen für die Weine der berühmtesten Châteaus aus dem Bordelais beobachten. Sammler und Kapitalanleger haben diese und andere Weine für sich entdeckt und kämpfen auf Auktionen rund um den Erdball um die raren Kisten und Flaschen. Doch vielleicht geht es da eher um den Gewinn. Kann ein Wein so viel Genuss bereiten, dass er den Preis von ein paar tausend Euro rechtfertigt?

UNTERBEZAHLTE WEINE Umgekehrt können viele (auch seriöse) Weinproduzenten ihre vollen Tanks nur mit Mühe verkaufen und sind so dem Preisdruck des Marktes und besonders der großen Handelsketten ausgeliefert. So entstehen Weinpreise von 1,99 € die Flasche und weniger. Der Marktpreis ist also nur ein unsicherer Indikator für die Qualität eines Weins.

Welche ist die teuerste Flasche der Welt?

1985 wurde bei Christie's in London eine Flasche Château Lafite 1787 versteigert, die angeblich aus den Beständen des damaligen US-Diplomaten und späteren US-Präsidenten Thomas Jefferson stammt. Jedenfalls trägt die Flasche seine Initialen Th.J. Der Hammer fiel bei 105.000 £. Der neue Besitzer, Malcolm Forbes, stellte sie aufrecht in einer Vitrine aus und beleuchtete sie mit einer warmen Lampe. So trocknete der Korken langsam und unbemerkt aus und fiel schließlich in die Flasche hinein. Auch beim Wein gibt's Pleiten, Pech und Pannen …
Dieser Auktionsrekord ist inzwischen allerdings schon wieder Geschichte: Am 29. Oktober 2010 wurden in Hongkong durch Sotheby's drei Flaschen Château Lafite 1869 für 437.900 £ verkauft. Die Flaschen stammen aus dem Keller des Châteaus selbst, sind also bezüglich ihrer Echtheit über jeden Zweifel erhaben. Vermutlich gehen sie nach China. Michael Broadbent schreibt über eine Verkostung dieses Lafite-Jahrgangs im Jahr 1988: »Nachdem der schwarze, glitschige Originalkorken gezogen war, verbreitete sich ein unglaublicher Duft. Nach einem Jahrhundert war er noch reich, weich und melancholisch.« Bis die Korken dieser drei Flaschen gezogen sind, wissen wir allerdings nicht, ob diese Weine immer noch so melancholisch duften oder sich doch schon in einen etwas teuren Essig verwandelt haben.

In diesem Keller leuchten die Augen des Bankers ebenso wie die des Weinliebhabers.

LAFITE
1801
LAFITE
1802
LAFITE
1803

Ist Kartonwein immer schlecht?

Nein, ganz und gar nicht. Der Wein steckt schließlich nicht direkt im Karton, sondern in einem neutralen Plastikbeutel, der in der Kartonbox verstaut ist. Fachleute sprechen daher von Bag in Box oder einfach »BiB«, einige Händler auch von »Weinschläuchen«. Ursprünglich wurde diese Verpackungstechnik für Milch und Fruchtsäfte entwickelt und hat sich nicht nur dafür bestens bewährt.

VOR- UND NACHTEILE

Der Weinschlauch hat einen großen Vorteil: Wenn Wein abgezapft wird, zieht sich der Beutel im Innern des Kartons zusammen. Es kommt also kein schädlicher Sauerstoff an den Inhalt und der Wein bleibt bis zu sechs Wochen lang frisch. Die Verpackung ist zudem leicht, kann einfach im Keller gestapelt und nach dem Verbrauch bequem entsorgt werden. Korkschmecker sind zudem ausgeschlossen.

Doch es gibt natürlich auch Nachteile: All die schönen Rituale rings um den Umgang mit der Flasche fallen weg. Aber bei einem Picknick am Waldrand oder einer Party im Garten kann es richtig cool sein, sein Glas am Zapfhahn zu füllen.

In Frankreich, Großbritannien, Nordeuropa, Australien und Neuseeland erfreut sich »BiB« bereits einer gewissen Akzeptanz, bei uns hingegen überwiegen bei den Weinfreunden noch die Bedenken. Und das, obwohl auch hier nicht nur einfache, sondern vermehrt ganz ordentliche Weinqualitäten in dieser Verpackung angeboten werden. »BiB« wird in 3-, 5-, 10-, in Frankreich sogar in 20-Liter-Kartons abgefüllt.

Welche Flaschengrößen gibt es?

Einfache Ausschankweine werden in 0,5- (CH, Fr), 1-, 2- (Doppler) oder auch 3-Liter-Flaschen abgefüllt. Bei hochwertigen Weinen liegt die Normgröße heute jedoch praktisch überall bei 0,75 Liter (CH auch 0,7 Liter). Die kleine halbe Flasche (0,375 Liter) ist vor allem in der Gastronomie beliebt. Süßweine, von denen man ja eher wenig trinkt, werden meist in 0,5-Liter-Flaschen angeboten. Größere Flaschen wählt man hingegen hauptsächlich für Weine, die für eine längere Lagerung und Reifung bestimmt sind, denn in ihnen befindet sich im Verhältnis zur Weinmenge weniger Sauerstoff. Viele Weinsammler halten die Magnumflasche deshalb für optimal. Champagner hingegen gibt es auch in besonders großen Flaschen, diese gehören aber eher zur Formel 1.

DIE GEBRÄUCHLICHSTEN ÜBERGRÖSSEN

Magnum	1,5 l	=	2	Flaschen
Marie-Jeanne (Bordeaux)	2,25 l	=	3	Flaschen
Doppelmagnum (Bordeaux)	3 l	=	4	Flaschen
Jeroboam (Champagne/Burgund)	3 l	=	4	Flaschen
Jeroboam (Bordeaux)	5 l	=	6,7	Flaschen
Imperial (Bordeaux)	6 l	=	8	Flaschen
Methusalem (Champagne/Burgund)	6 l	=	8	Flaschen
Salmanazar (Champagne)	9 l	=	12	Flaschen
Balthasar (Champagne)	12 l	=	16	Flaschen
Nabukadnezar (Champagne)	15 l	=	20	Flaschen

Welches sind die wichtigsten Flaschenformen?

Mitte des 18. Jahrhunderts entwickelte sich unsere moderne, walzenförmige Weinflasche, die man liegend aufbewahren kann. Diese Art der Lagerung hat den großen Vorteil, dass der Korken von innen feucht gehalten wird, aufquillt und dadurch die Flasche noch dichter verschließt. Es wurde also möglich, die Weine länger zu lagern. In der Folge entstanden verschiedene Flaschenformen, die bis heute für einen bestimmten Wein oder eine Region typisch sind.
Bordeauxflaschen haben eine hohe, Burgunderflaschen eine abfallende Schulter. Die hohe Schulter der Bordeauxflasche dient auch dazu, das Depot beim Einschenken in der Flasche zurückzuhalten. Beim Burgunder mit seinem tanninarmen und daher für viele Weinliebhaber durchaus genießbaren Depot ist das nicht nötig. Die Flasche hat daher eine abfallende Schulter. Ihr Glas ist dunkelgrün bis bräunlich.
Die hohen Flûte- oder Schlegelflaschen vom Rhein sind braun, die von der Mosel und aus dem Elsass grün. Die Weine aus Franken werden in den traditionellen Bocksbeutel abgefüllt.
Diese Unterschiede verlieren in jüngster Zeit etwas an Bedeutung. Die Form der Flaschen hat sich zum Tummelplatz für Designer und Marketingfachleute entwickelt. Daher stammt auch die Unsitte, einem Wein durch besonders dicke und schwere Flaschen mehr »Gewicht« zu geben. Das belastet die Umwelt unnötig und schlägt sich auf der Rechnung bei den Transportkosten nieder.

Dies sind typische Flaschenformen:
Bordeauxflasche, Schlegelflasche vom Rhein, Burgunderflasche und Bocksbeutel aus Franken.

WEIN LAGERN

Die Vorfreude ist bekanntlich eine der schönsten und unschuldigsten Freuden überhaupt. Im eigenen Weinkeller die Schätze zu hüten und zu pflegen gehört unbedingt dazu. Einige Dinge sollten Sie dabei allerdings beachten, damit den Flaschen die Ruhe auch wirklich wohl bekommt.

Warum lagert man Weine?

Der Wein in der Flasche ist ein lebendiges Wesen. Auf seinem Weg vom Weinberg in den Keller und schließlich in die Flasche hat er schon viele Transformationen und Neugeburten durchlaufen. Und auch in der Flasche bleibt er nicht stehen, sondern entwickelt sich weiter, wandelt sich und reift.

DIE REIFEPHASEN

Nach dem Abfüllen befinden sich alle Weine zuerst in einem Schockzustand, wir sollten ihnen also zuerst einmal Ruhe und Erholung gönnen. Nach ein paar Wochen haben sie sich aber an ihr neues Zuhause gewöhnt und beginnen sich zu entspannen und zu öffnen.

FRUCHTPHASE Nach der kurzen Ruhezeit entwickeln sich zuerst die jugendlichen Aromen der Frucht. Diese Fruchtphase kann einige Monate oder auch ein bis zwei Jahre dauern. Viele frisch-fruchtige Rotweine und die meisten Weißweine schenken uns in dieser Zeit den höchsten Genuss. Ist die Fruchtphase vorbei, kommt bei einfachen Weinen in der Regel wenig nach.

REIFEPHASE Komplexere, gehaltvollere Weine hingegen beginnen jetzt zu reifen. Die Farbe wandelt sich vom blauvioletten Purpur zum leuchtenden Rubin, die Textur wird weicher, das Tannin verliert seine Aggressivität und unter die Fruchtaromen mischen sich neue Noten von Gewürzen, Leder, Unterholz und Pilzen.

Der Übergang von der Fruchtphase in die Reifephase ist für viele Weine eine Art Pubertät, sie verschließen sich und werden abweisend und hart. Wer nun Geduld aufbringt, wird reich belohnt. Große Weine können über viele Jahre hinweg immer feiner und edler werden.

Irgendwann aber beginnt auch bei ihnen der allmähliche Abbau. Die Farbe wird ziegelrot oder zwiebelfarben, im Gaumen werden die Weine dünn und scharf, sie haben ihren Höhepunkt schon länger hinter sich und werden untrinkbar.

Wie lange kann ich Wein lagern?

Diese Frage ist eine der schwierigsten überhaupt. Alle Weinliebhaber möchten ihre kostbaren Flaschen schließlich genau auf dem Höhepunkt ihrer Entwicklung entkorken. Einen Anhaltspunkt können Ihnen der Winzer oder Ihr Weinhändler geben.
Außerdem gibt es Jahrgangstabellen mit genauen Angaben zur Trinkreife. Sehr nützlich ist »Der kleine Johnson«, ein jährlich erscheinender Weinführer, der zu Tausenden von Weinen angibt, ob sie schon trinkreif sind oder noch länger gelagert werden können oder müssen. Alle diese Angaben sind aber mit einer gewissen Vorsicht zu genießen, denn die Lagerbedingungen sind von Keller zu Keller verschieden. Besser ist es also, von Zeit zu Zeit eine Flasche zu öffnen und selbst zu urteilen.

Wenn man ein paar einfache Regeln beachtet, findet sich Platz auch in der kleinsten Hütte.

Kann ich Wein auch im Schrank lagern?

Warum nicht! In modernen Wohnungen ist oft wenig Platz und da muss man sich eben nach der Decke strecken. Aber egal, ob der Wein unter der Treppe oder im Fuß des Kleiderschranks seinen Platz findet, möglichst viele dieser Bedingungen sollten Sie berücksichtigen:

TEMPERATUR Wein ist relativ robust, jede Lagertemperatur zwischen 5 und 20 °C ist ok. Was er allerdings überhaupt nicht mag, sind abrupte Schwankungen. Wenn Ihr Schlafzimmer also nicht geheizt wird, ist der Kleiderschrank gar keine schlechte Idee.

LICHT Es schadet dem Wein. Besonders Weißweine in hellen Flaschen sind deshalb gefährdet. Im Zweifelsfall lassen Sie Ihren Wein im Karton oder in der Kiste. Wie stolz auch immer Sie auf Ihre Flaschen sind: Sie im Esszimmer in die Vitrine zu stellen, ist keine gute Idee.

FREMDGERÜCHE Ein minimaler Luftaustausch zwischen dem Inneren der Flasche und der Umgebung bringt auch Fremdgerüche aus der Luft in die Flasche hinein. Lagern Sie also Ihre Putzmittel anderswo.

FEUCHTIGKEIT Zu wenig Feuchtigkeit ist schlimmer als zu viel, denn dann können die Korken langsam austrocknen. Zu viel Feuchtigkeit dagegen lässt die Etiketten unansehnlich werden und im Extremfall die Kartons verschimmeln. Das führt wiederum ebenfalls zu Fremdgerüchen. Etiketten können Sie mit farb- und geruchlosem Haarspray schützen oder mit einem Gummiband vor dem Abfallen bewahren.

ERSCHÜTTERUNGEN Der Wein sollte möglichst erschütterungsfrei lagern. Kühlschränke vibrieren immer ein wenig und sind daher nur zum Kühlen, nicht aber zum Lagern geeignet. Ausnahmen sind spezielle Weinkühlschränke. Auch Maschinen im oder Straßenbahnen neben dem Haus können dem Wein schaden.

Wie behalte ich den Überblick über meine Weine im Keller?

Ich gebe zu, ich bin kein allzu ordentlicher Mensch und verbringe fast ebenso viel Zeit damit, meine Brille in der Wohnung zu suchen wie eine ganz bestimmte Flasche im Keller. Das muss nicht sein! Denn etwas Ordnung im Keller zu schaffen ist eigentlich gar nicht so schwer: Man kann zum Beispiel die Regale beschriften und die Weine nach Regionen und Produzenten einordnen. Problem: Dafür braucht man viel Platz und den hat eben nicht jeder.
Wenn Sie Ihr Regal dagegen nach einem Rastersystem gliedern, können Sie jede Flasche dort unterbringen, wo gerade ein freier Raum ist. Und das geht so: Sie beschriften die horizontalen Fächer mit Buchstaben und die vertikalen mit Zahlen, so bekommt jeder Platz einen Code. Sie legen die Flasche an einen beliebigen freien Platz und notieren den Code in Ihrem Kellerbuch. Das fordert zwar etwas Disziplin, hat aber einen zweiten großen Vorteil: Sie müssen ein Kellerbuch führen. Darin können Sie ganz nebenbei viele weitere Dinge festhalten: Wann und wo haben Sie die Flasche gekauft, was hat sie gekostet, mit welchen Gästen haben Sie diesen Wein verkostet, wie hat er geschmeckt, welches Essen haben Sie dazu genossen usw.? So wird Ihr Kellerbuch zu einer Art Tagebuch über Ihre Erfahrungen mit dem Wein.
Auf dem Markt gibt es sowohl vorgedruckte Kellerbücher wie auch elektronische als Softwareprogramm. Letzteres eröffnet Ihnen schier unbegrenzte Möglichkeiten: Sie können Ihre Fotos, Videos und Links zu weiteren Infos zu den jeweiligen Weinen stellen.

Welchen Wein verschenke ich zu einem Jubiläum?

Es ist ein schöner Brauch, jemandem zum Geburtstag oder zu einem Jubiläum eine Flasche Wein des entsprechenden Jahrgangs zu schenken. Doch welchen? Am besten fragen Sie natürlich Ihren Weinhändler, er kennt seine Weine und ihr Potenzial und muss die Flaschen schließlich auch vorrätig haben. Einige Hinweise auf besonders lagerfähige Weine können aber trotzdem hilfreich sein:

10 JAHRE

DEUTSCHLAND Große Rieslinge aus besten Lagen, besonders Auslese, Eiswein
ÖSTERREICH Große Rieslinge und Grüne Veltliner, gehaltvoller Blaufränkisch, Süßweine vom Neusiedler See
FRANKREICH Roter Burgunder Premier Cru, Bordeaux Grand Cru, Madiran, gute Jahrgänge von der Rhône (Côte Rôtie, Hermitage, Châteauneuf-du-Pape)
ITALIEN Barolo, Barbaresco, Brunello di Montalcino
SPANIEN Rioja reserva und gran reserva

20 JAHRE UND MEHR

DEUTSCHLAND Große Rieslingauslesen aus besten Lagen, Trockenbeerenauslesen
ÖSTERREICH Süßweine vom Neusiedler See
FRANKREICH Beste Jahrgänge von Premier und Grand Cru aus dem Burgund, die besten klassifizierten Bordeauxweine, Sauternes, Barsac, Maury, Banyuls
ITALIEN Barolo, Barbaresco, Brunello di Montalcino von den besten Produzenten und Jahrgängen
SPANIEN Priorat, Rioja, Pedro Ximénez
PORTUGAL Jahrgangsport
UNGARN Tokaj Aszú

WEIN SERVIEREN

Für jeden Weinliebhaber ist das der große Moment: Die Flasche wird aus dem Keller geholt, sorgsam auf die richtige Temperatur gebracht und entkorkt. Auch für den Wein ist das der große Tag. Nach Monaten, vielleicht sogar Jahren hinter Glas und Korken wird er endlich befreit. Dieser Weg birgt Tücken und Fallen. Wie man sie vermeidet, erfahren Sie hier.

Wie messe ich die Temperatur des Weins?

Man kann einen Wein regelrecht »umbringen«, wenn man ihn mit der falschen Temperatur serviert. Wenn er aber umgekehrt genau die Frische oder auch Wärme hat, die seinem Charakter entspricht, gibt man ihm Gelegenheit, sich in seiner absoluten Bestform zu präsentieren.
Es gibt zwei Methoden, die Temperatur des Weins zu messen. Leider sind beide unbefriedigend:
Bei der ersten hält man ein meist gläsernes Thermometer in die Flasche und misst die effektive Temperatur des Weins. Nachteil: Man muss die Flasche vor dem Messen öffnen, was man zu diesem Zeitpunkt aber nicht unbedingt will.
Bei der zweiten, schonenderen klemmt man eine Manschette um die noch verschlossene Flasche. Gemessen wird mit ihr allerdings nicht die Temperatur des Weins, sondern die der Flasche. Der Wein im Innern kann letztlich doch ein paar Grad wärmer oder kühler sein.
Mich erinnert die Prozedur immer ein bisschen ans Fiebermessen, und ich lasse deshalb meine Thermometer in einer Schublade friedlich verstauben.
Und dennoch sollten Sie anfangs eine der Methoden wählen, um sich selbst zu kontrollieren und ein Gefühl für die Temperatur des Weins zu entwickeln. Mit dieser Erfahrung im Rücken müssen Sie mit der Zeit nur noch an die Flasche greifen und wissen sofort, ob die Temperatur stimmt oder nicht.

Welches ist die richtige Temperatur?

Der Duft des Weins besteht aus einer Fülle flüchtiger Substanzen, die je nach Temperatur stärker oder schwächer verdunsten. Ideal ist die Temperatur eines Weins, wenn sich alle Duftkomponenten optimal entwickeln und ergänzen und er dadurch seine ganze Schönheit entfalten kann.
Die absolute Obergrenze liegt für alle Weine bei 18–20 °C. Bei höheren Temperaturen beginnt so viel Alkohol zu verdunsten, dass er die Wahrnehmung des Weins zu stark dominiert. Ein zu warmer Rotwein wirkt brandig und alkoholisch. Bei Temperaturen unter 6–8 °C hingegen nimmt man kaum noch Düfte wahr.

DIE IDEALE WEINTEMPERATUR

Sie liegt zwischen diesen beiden Extremwerten. Doch wo genau? Etwas Physik hilft: Die Aromen leichter Weine haben ein geringeres Molekulargewicht als die schwerer Weine. Ihre Düfte werden daher schon bei tieferen Temperaturen frei. Als Anhaltspunkt gilt für rote wie für weiße Weine: Je leichter sie sind, um so kühler und je schwerer sie sind, um so wärmer sollten sie serviert werden.
Auch der Geschmack verändert sich mit der Temperatur. Die Säure wirkt in einem kühlen Wein frischer und knackiger, die bitteren Noten des Tannins dagegen verstärken sich. Ein säurebetonter Wein wie ein Riesling oder ein Pinot noir gewinnt daher enorm, wenn er richtig gekühlt wird, ein tanninreicher Rotwein hingegen muss deutlich wärmer serviert werden.
Die nebenstehende Grafik hilft Ihnen dabei, die richtige (Servier-)Temperatur für Ihren Wein zu finden.
Bedenken Sie: Der Wein im Glas passt sich rasch der Umgebung an. Die Serviertemperatur sollte daher immer etwas kühler sein als die Trinktemperatur.

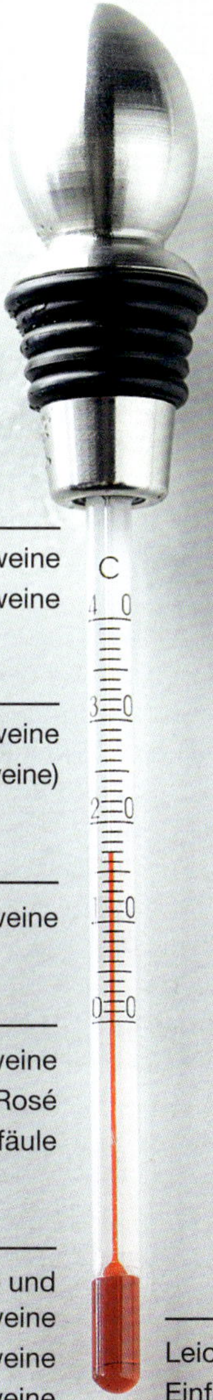

16–18 °C

Weiche üppige Rotweine
Reife schwere Rotweine

14–16 °C

Mittelschwere Rotweine
Verstärkte Süßweine (Portweine)

12–14 °C

Leichte fruchtige Rotweine

10–12 °C

Schwere Weißweine
Rosé
Weine mit Edelfäule

6–10 °C

Aromatische und liebliche Weißweine
Mittelschwere Weißweine
Komplexe Schaumweine (Champagner)

6–8 °C

Leichte Weißweine
Einfache und süße Schaumweine
Verstärkte trockene Aperitifweine (z. B. Sherry Fino)

Was mache ich, wenn der Wein zu warm ist?

Natürlich kühlen! Aber wie?

EISKÜBEL In ihm kühlt sich der Wein besonders schnell ab, der Sommelier nennt das Frappieren. Er stellt die Flasche in den Kübel, füllt Eiswürfel ein und gießt Wasser dazu. Das Wasser ist unbedingt notwendig, damit die Kälte die Flasche auch wirklich vollständig umfängt. Die Flasche sollte so tief wie möglich im Eiswasser stehen, sonst ist nur der untere Teil des Weins wirklich kühl. Sie können die Flasche auch anfangs einige Minuten kopfüber in den Kübel stellen und dann erst umdrehen. Der Wein kühlt sich pro Minute um etwa 1 °C ab.

KÜHLMANSCHETTEN sind gegenüber einem stilvollen Weinkübel natürlich etwas prosaisch, tun ihre Pflicht aber sehr effizient. Die meisten haben einen Klettverschluss und lassen sich so bequem an jede Flaschenform anpassen. Der Wein kühlt sich pro Minute ebenfalls um etwa 1 °C ab.

WEINKÜHLER AUS TON stellt man zuerst für einige Minuten ins Wasser, damit sich der poröse Ton damit vollsaugt. Nachher kühlt er die Weinflasche durch die Verdunstungskälte. Den gleichen Effekt erreicht man mit einer nassen Zeitung. Dieser Tipp gilt aber eher fürs Picknick als für das festliche Dinner mit Gästen.

PLEXIGLASKÜHLER Sehr verbreitet, wenn auch von der Ästhetik her nicht wirklich befriedigend, sind diese doppelwandigen Kühler. Sie kühlen nicht aktiv, sondern halten wie eine Thermosflasche die Temperatur einer schon gekühlten Flasche. Die Kälte der Flasche sinkt im Kühler ab und bildet so eine Art Kältesee, in dem die Flasche steht.

Natürlich können Sie die warmen Flaschen auch einfach für einige Minuten in die Kühltruhe legen. Vergessen Sie sie aber nicht darin, denn bei ca. -4 °C beginnen leichte Weißweine zu gefrieren!

Was mache ich, wenn der Wein zu kalt ist?

Am besten holen Sie den Wein rechtzeitig aus dem Keller und lassen ihn in einem nicht zu warmen Raum (zum Beispiel im Schlafzimmer) zwei bis drei Stunden stehen. Brachialere Methoden schaden dem Wein: also weder vors Kaminfeuer noch auf die Heizung legen! Wenn es wirklich mal schnell gehen muss, können Sie den Wein allenfalls in ein handwarmes Wasserbad stellen. Deutlich schneller als in der Flasche erwärmt sich der Wein im Glas, das Sie zusätzlich mit den Händen wärmen können. Das ist der einzige Fall, wo Sie das Glas nicht am Stiel halten müssen. So können Sie den Wein auch zwischendurch verkosten und erleben, wie er sich verändert.

So einfach kann man zu kühlen Wein sanft erwärmen.

Was soll ich von Drehverschlüssen und Kunststoffkorken halten?

Ein weltberühmter Winzer aus dem Piemont hat vor einigen Jahren 80 Prozent seiner gesamten Ernte verloren, weil die Korken in seinen Flaschen fehlerhaft waren. Er hat ein Jahr lang im Weinberg und im Keller hart gearbeitet, den Wein mit Liebe gepflegt und in die Flaschen gefüllt. Und das alles hat schließlich der letzte Arbeitsschritt, das Verkorken, vernichtet.
Man nimmt an, dass durchschnittlich 5–8 Prozent aller mit Naturkork verschlossenen Weine durch Korkschmecker verdorben sind. Eine ganze Menge Wein!
Alternativen sind also gefragt. Vor allem Drehverschlüsse und Kunststoffkorken haben sich einen gewissen Markt erobern können.
DREH- ODER SCHRAUBVERSCHLUSS Eigentlich hat dieser Verschluss alle Vorteile, die man sich nur wünschen kann. Er ist dichter als jeder Naturkorken, außer den allerbesten. Das Material ist absolut geschmacksneutral und reagiert nicht mit den Inhaltsstoffen des Weins. Und schließlich kann man die Flasche ohne Werkzeug (Korkenzieher) öffnen. Trotzdem gewöhnen sich die Weinfreunde nur langsam an diesen etwas nüchternen Verschluss. Das ändert sich aber deutlich, seit viele australische und die Mehrheit der neuseeländischen Produzenten auf ihn umgestellt haben. Vielleicht gehört die Zukunft dem Dreh- oder Schraubverschluss.
KUNSTSTOFFKORKEN Er scheint alle Vorteile des Naturkorkens zu besitzen und seine Nachteile zu vermeiden: Der Weinfreund kann das Ritual des Korkenziehens pflegen, ohne einen Korkschmecker befürchten zu müssen. Die Weinproduzenten sind aber trotzdem vorsichtig, weil die Kunststoffkorken von heute nach ein bis zwei Jahren doch Luft in die Flasche lassen und möglicherweise dem Wein etwas von seinen flüchtigen Aromastoffen entziehen.

Wie öffne ich eine Flasche Wein nach allen Regeln der Kunst?

Das Öffnen einer Weinflasche beschränkt sich nicht auf das Ziehen des Korkens. Das ist nur der letzte Schritt in einem kleinen Ritual, das für viele Weinliebhaber zur Vorfreude auf den Wein gehört. Während der ganzen Prozedur sollte die Flasche möglichst wenig bewegt oder geschüttelt werden. Arbeiten Sie also nicht freihändig, sondern stellen Sie die Flasche auf den Tisch und halten Sie sie gut fest.

KAPSEL ENTFERNEN Zuerst muss bei den meisten Flaschen die Kapsel entfernt werden: Man schneidet sie mit einem kleinen Messer auf oder unter dem Wulst der Flasche ab, also nicht direkt oben am Rand. Wichtig ist, dass der Wein nachher nicht mehr mit ihr in Berührung kommt. Nun liegt der Korken frei. Meist ist er (und manchmal auch der Flaschenhals) durch die Lagerung schmutzig geworden und muss mit einem sauberen Tuch oder einer Serviette gereinigt werden. Etwas Schimmel ist aber kein Grund zur Beunruhigung.

KORKEN ZIEHEN Nun setzen Sie den Korkenzieher in der Mitte des Korkens an und drehen ihn langsam hinein. Achten Sie darauf, dass er den Boden des Korkens nicht durchsticht, sonst fallen Brösel und eventuell auch Weinstein, der sich dort abgesetzt hat, in den Wein. Ziehen Sie nun den Korken möglichst gerade heraus. Sie müssen dabei vielleicht etwas gegen den Hebel des Korkenziehers drücken. Kurze bröselige Korken wie auch die langen Korken teurer Weine brechen sonst gerne ab. Und: Der Wein liebt keine raschen Druckunterschiede, ziehen Sie den Korken also langsam und ohne finalen Plopp heraus.

Prüfen Sie den Korken möglichst sorgfältig: Ist er elastisch und nicht hart oder ausgetrocknet? Riecht er nach nichts anderem als nach Wein?

Zum Schluss wischen Sie den Flaschenhals nochmals mit dem Tuch ab und schenken ein.

Corkette

Worauf muss ich beim Korkenzieher achten?

Es gibt Korkenziehersammler, Korkenziehermuseen, Korkenzieherbücher. Mehrere hundert Patente wurden angemeldet, um die so simpel scheinende Aufgabe zu vereinfachen, einen Korken zu entfernen.
Ganz egal, nach welchem Prinzip der Korkenzieher gebaut ist, die Spindel muss innen hohl sein, so bohrt sie sich in den Korken, ohne ihn zu zerschneiden. Die Gefahr, dass sie ausreißt, ist viel geringer.
KELLNERMESSER Es kann wie ein Taschenmesser aufgeklappt werden und enthält Spindel, Hebel und ein kleines Messer zum Schneiden der Kapsel. Oft hat der Hebel zwei Stufen. Das erleichtert es sehr, den Korken gerade herauszuziehen.
SCHMETTERLING Er ist zwar etwas sperrig und hoch, sein großer Vorteil ist aber, dass man auch einen festsitzenden Korken ohne Anstrengung gleichmäßig herausziehen kann. Achtung: Die meisten Modelle haben eine nagelförmige Spindel, die leicht ausreißt.
KORKENZIEHER MIT GEGENGEWINDE Man kann mit ihm in einer Drehung die Spindel hinein und den Korken herausziehen. Sein Design und seine Sperrigkeit sind allerdings etwas störend.
KORKENSPANGE Dieses Modell ist hervorragend geeignet, um bröselige, durchnässte oder abgebrochene Korken zu ziehen. Die Engländer nennen ihn vielsagend Butler's Friend, weil der Butler ihn ohne Spuren zu hinterlassen nicht nur aus dem Flaschenhals heraus-, sondern auch wieder hineinbekommt.
SCREWPULL-ELITE Eines der besten Modelle auf dem Markt, von großer Einfachheit in der Bedienung: Man setzt die Spindel auf die Mündung, dreht und der Korken gleitet sanft und gleichmäßig aus der Flasche.

Korkenzieher sind seit jeher das Tummelfeld von Erfindungsgeist und Spieltrieb.

Der Korken ist abgebrochen oder sitzt zu fest. Und jetzt?

Auch mit dem richtigen Korkenzieher kann durchaus mal etwas schiefgehen.

DER KORKEN IST ABGEBROCHEN Die erste Bürgertugend heißt jetzt »Ruhe bewahren« und sich in Geduld üben. Das Malheur ist jedem Weinfreund schon mal passiert und halb so schlimm, wie es aussieht.

Es geht jetzt vor allem darum, den Restkorken nicht weiter zu beschädigen, damit er nicht einfach zerbröselt. Versuchen Sie, den Korken mit dem Korkenzieher möglichst schräg nochmals zu fassen. Drücken Sie dabei aber nicht nach unten, sonst rutscht der Korken garantiert in die Flasche hinein, sondern schräg mit der Spitze der Spindel gegen die Flaschenwand. Nun langsam und geduldig ziehen. Meist gelingt das beim ersten oder zweiten Versuch. Wenn Sie eine Korkenspange besitzen, versuchen Sie es damit. Schieben Sie die Federn vorsichtig zwischen Glas und Korken und drehen Sie das Reststück heraus.

Wenn der Korkrest allerdings sehr tief unten abgebrochen ist, sitzt er meist so locker im Hals, dass Sie ihn nicht mehr zu fassen bekommen. Dann hilft nur die radikale Methode: ganz rein mit dem Korken. Nehmen Sie dafür einen Löffelstiel und drücken ihn langsam nach unten. Aber wirklich langsam, sonst spritzt Ihnen der Wein ins Gesicht. Mit dem Löffelstiel halten Sie jetzt den Korken in der Flasche vom Hals zurück und dekantieren den Wein durch ein Sieb in eine Karaffe. Statt Sieb geht auch ein feines Baumwolltuch, es fängt sogar feinen Korkstaub auf. Kaffeefilter sind dagegen ungeeignet, sie verleihen dem Wein einen eigenartig papiernen Geschmack.

DER KORKEN SITZT FEST Wir kennen die Situation: Der Wein hat die richtige Temperatur, die Gäste sitzen erwartungsfroh am Tisch, das Ritual des Entkorkens tritt ins finale Stadium, aber der Korken will nicht he-

Mit der Korkenspange kann man einen abgebrochenen Korken meist gut fassen und das Reststück herausdrehen.

raus. Zuerst versucht es der Gastgeber, dann kommen die kräftigsten Gäste an die Reihe, aber der Korken bewegt sich einfach nicht. Die Tür zum Genuss bleibt weiterhin verschlossen.

In dieser Situation hilft ein einfacher Trick: Nehmen Sie ein heißes Tuch und erwärmen Sie damit den Flaschenhals auf der Höhe des Korkens. Die Oberfläche der meisten Korken ist mit einer feinen Gleitschicht behandelt. Früher verwendete man dafür Paraffin, heute eine neutrale Emulsion auf Kunststoffbasis. Durch die Erwärmung erhöhen Sie die Gleitfähigkeit und die Elastizität des Korkens. Gleichzeitig wird der Flaschenhals durch die Wärme leicht erweitert.

Wie öffne ich eine Sektflasche richtig?

Die Frage könnte auch lauten: Wie verhindere ich, dass es knallt, spritzt und überschäumt?
Wichtig beim Entkorken sind vor allem zwei Dinge: Die Flasche darf auf keinen Fall zu stark bewegt, geschüttelt oder – und das wird oft vergessen – hart abgestellt werden. Das erhöht den Innendruck massiv. Und bleiben Sie beim Öffnen in der Nähe der Gläser, es könnte trotz aller Vorsicht plötzlich doch pressieren.
KAPSEL ENTFERNEN Lösen Sie zunächst die Staniolkapsel ab, die meisten Kapseln haben dafür eine Perforierung. Dann öffnen Sie den Drahtkorb und schieben die Drähte etwas auseinander. Wenn Sie merken, dass der Korken schon treibt, lassen Sie den Drahtkorb besser auf dem Korken und entfernen beides zusammen. Wenn der Korken aber fest sitzt, legen Sie den Drahtkorb und die Kapsel zur Seite, sichern den Korken aber immer mit dem Daumen.
KORKEN HERAUSDREHEN Beim Öffnen halten Sie die Flasche immer schräg. Das vergrößert die Oberfläche im Innern und der Schaum setzt sich schneller wieder. Richten Sie die Flasche nie gegen Personen.
Mit einer Hand umfassen Sie den Korken fest und drehen mit der anderen die Flasche. Nicht umgekehrt, denn so haben Sie die bessere Hebelwirkung. Wenn der Korken kommt, lassen Sie ihn kontrolliert aus der Flasche gleiten. Das Knallen überlassen wir anderen. Wenn der Korken zu fest sitzt, hilft ein Nussknacker aus Metall. Mit ihm darf der Korken aber nur gelöst werden. Sie spüren ein leichtes Knacken, wenn es so weit ist. Nun den Korken von Hand herausdrehen. Füllen Sie die Gläser zuerst nur zu einem Drittel und gießen Sie nach, wenn sich der Schaum gelegt hat.

Soll ich den Wein dekantieren?

Mit dem Dekantieren kann man zwei völlig unterschiedliche Ziele verfolgen: Junge Weine werden mit Sauerstoff versorgt und können sich so geschmacklich öffnen. Bei reifen Weinen hingegen trennt man durchs Dekantieren den klaren Wein vom Depot, das sich in der Flasche gebildet hat.

DEKANTIEREN JUNGER ROTWEINE Verschiedene Inhaltsstoffe in einem jungen Wein reagieren rasch auf den Kontakt mit Sauerstoff. Dadurch kann sich der Wein innerhalb von 1–2 Stunden erheblich verändern, er öffnet sich und gibt deutlich mehr Aromastoffe ab. Es macht daher durchaus Sinn, einen solchen Wein mit Schwung in eine Karaffe zu gießen und ihn damit einer regelrechten Sauerstoffdusche auszusetzen. Die Karaffe darf eine weite, bauchige Form haben, um den Wein mit möglichst viel Luft in Kontakt zu bringen. Wenn man aber – wie vielfach empfohlen – nur die Flasche öffnet, ist die Kontaktfläche von Wein und Luft viel zu gering, um einen wirklichen Effekt zu erzielen.

DEKANTIEREN REIFER ROTWEINE Ältere Weine sind oft schon sehr fragil, eine Sauerstoffdusche wie beim jungen Wein würde ihnen daher schaden. Wenn man sie trotzdem dekantiert, dann nur, um den Wein vorsichtig vom Depot in der Flasche zu trennen.

Man gießt den Wein langsam in die Karaffe um, bis das Depot kommt. Eine Kerze unter dem Flaschenhals hilft dabei, den richtigen Moment nicht zu verpassen. Die Karaffe sollte in diesem Fall schmal sein, man will den Wein ja nicht der Luft aussetzen.

DEKANTIEREN VON WEISSWEIN Bei hochwertigen, jungen Weißweinen kann es durchaus Sinn machen, sie wie junge Rotweine zu dekantieren. Gehen Sie dabei allerdings etwas vorsichtiger vor, sonst werden die zarten Düfte eher erschlagen als geöffnet.

GLÄSER AUSWÄHLEN UND PFLEGEN

Ein schönes, edles Kristallglas ist die Bühne für den Auftritt des Weins. Wie im wirklichen Leben müssen aber Bühne und Auftritt zusammenpassen. Die Callas füllte ein Opernhaus und Karl Valentin genügte ein Kellertheater. Dieses Kapitel ist den Fragen gewidmet, welches Glas zu welchem Anlass passt, wie man es auswählt und pflegt.

Woran erkenne ich ein gutes Glas?

Eigentlich würde zum Trinken ein normaler Becher vollauf genügen. Ein Weinglas sieht aber ziemlich anders aus. Warum?

DER STIEL Der Kelch mit dem Wein steht nicht direkt auf dem Tisch wie ein Becherglas, sondern schwebt in der Höhe auf einem Stiel. Wir gönnen dem Wein damit einen ganz besonderen Auftritt: Wie auf einer Bühne thront er über Teller und Besteck. Und diesen Auftritt sollten wir einem feinen Wein unbedingt gönnen. Er ist ein edles Getränk, das ihn verdient. Stiellose Gläser sind dagegen hervorragend geeignet für das Wasser oder den Saft der Kinder. Den freien Blick auf den Wein im Glas möchten wir auch beim Trinken ungehindert genießen: Wir fassen das Glas am Stiel an und nicht am Kelch. Für zwei bis drei Finger sollte der Stiel daher bequem Platz bieten.

DER KELCH Er ist das eigentliche Gefäß für den Wein. Hier soll er sich optimal entfalten können. Das Glas muss daher dünn und klar sein, weder Farben noch kunstvolle Schliffe sollen den Blick auf den Inhalt stören. Das Funkeln des Weins an sich ist schön genug und braucht keinen zusätzlichen Zierrat.
Ein guter Kelch hat die Form einer Tulpe, er verjüngt sich also nach oben. Die breiteste Stelle ist im unteren Drittel. Bis zu dieser Stelle schenkt man den Wein ein, denn dort erreicht er die größte Oberfläche und gibt so besonders viele Duftstoffe an die Luft ab. Die Aromen sammeln sich im leeren Raum über dem Wein und erreichen konzentriert die verengte Mündung des Glases. Dort stecken wir unsere Nase hinein.
Die Tulpenform hat einen weiteren großen Vorteil: Auch wenn Sie den Wein im Glas etwas zu begeistert schwenken, gefährden Sie ihren Nachbarn nicht.

Welche Weingläser brauche ich als Grundausstattung?

Man kann aus der Gläserkunde eine echte Wissenschaft machen, im Grunde brauchen Sie als Grundausstattung aber nur drei verschiedene Gläser:

WEISSWEINGLAS Das Glas ist etwas kleiner als das Rotweinglas, der Weißwein soll kühl bleiben. Man schenkt deshalb besser wenig ein, dafür öfter nach. Es gibt aber ernsthafte Weinliebhaber wie Jancis Robinson, die es einfach unfair finden, Weißwein in kleineren Gläsern zu servieren als Rotwein. Trotzdem gehört das Weißweinglas absolut zur Grundausstattung, denn man kann es durchaus auch für Aperitif- und Dessertweine verwenden.

ROTWEINGLAS Dieses sollte etwas größer sein als das Weißweinglas, damit die schwereren Rotweinaromen eine größere Kontaktfläche mit der Luft finden.

SCHAUMWEINGLAS Es ist hoch und schlank. So kann man die Bläschenschnüre auf ihrem langen Weg durch den Wein wunderschön beobachten. Das Glas sollte aber nicht zu groß sein, damit der Wein sich wie beim Weißweinglas nicht zu schnell erwärmt. Abzuraten ist von Sektschalen: In ihnen sieht man die Bläschen gar nicht und der Schaum verfliegt viel schneller.

SINNVOLLE ERGÄNZUNG

BURGUNDERGLAS Es ist ballonartiger und oft etwas voluminöser als ein normales Rotweinglas. Durch seine Form verteilen sich die saftigeren und eher tanninarmen Weine aus der Pinot-noir-Rebe breiter im Mund. Der geschmackliche Unterschied ist recht deutlich.

SÜSSWEINGLAS Es ist etwas schlanker und kleiner als das Weißweinglas. Von Süßwein trinkt man nicht so viel und die schmale Öffnung verhindert, dass der etwas höhere Alkoholgehalt zu sehr in die Nase sticht.

Weißwein
Rotwein
Schaumwein
Aperitif- und Süßwein
Burgunder

Wie pflege ich meine kostbaren Gläser?

Selbst bei professionellen Weinverkostungen ärgert man sich immer wieder über stinkende Gläser. Heute sind die meisten Gläser spülmaschinenfest, aber der »Duft« des Spülmittels bleibt eben leicht im Glas hängen. In Sektgläsern kann ein Rest davon zudem die schöne Schaumbildung zerstören. Darum: Gläser mit wenig Spülmittel und einem Lappen von Hand vor- und mit reichlich klarem Wasser nachspülen. Und schließlich: Auch ich stelle meine Gläser manchmal zum Trocknen einfach auf ein Gitter. Diese Prozedur hinterlässt aber hässliche Wasserflecken. Machen Sie es besser und trocknen Sie die Gläser mit einem weichen Tuch ab.

GLÄSER AUFBEWAHREN

Der Gläserschrank muss absolut geruchsfrei sein, nicht nur Mottenkugeln, sondern auch Holzpflegemittel, Lacke und Farben geben penetrante Gerüche an die Gläser weiter. Und: Stellen Sie die Gläser grundsätzlich auf den Fuß. Stehen sie auf dem Kopf, fängt sich im Kelch Luft. Die wird darin schnell muffig und so »duftet« dann auch das Glas.

Wie halte ich das Glas richtig?

Von den drei Möglichkeiten – am Fuß, am Stiel und am Kelch – ist nur eine richtig: am Stiel. Auch wenn es im Film so cool aussieht und man sogar schon beobachtet haben will, dass selbst die Queen das Glas am Kelch gehalten hat, ist es trotzdem eine Unsitte. Man verschmutzt das Glas, erwärmt und verdeckt den Wein und unten hängt verloren ein Stiel in der Luft. Und Pardon: Wie soll man mit seinem Gegenüber anstoßen, wenn man das Glas am Kelch hält?
Einzige Ausnahme: Den Cognac-Schwenker dürfen Sie am Kelch anfassen.
Ab und zu sieht man auch einen Möchtegern-Weinkenner, der das Glas am Fuß hält. Das ist zwar weniger falsch, aber eher etwas für Snobs.

So wird der Wein warm, das Glas schmutzig und die Gläser klingen dumpf. Fassen Sie das Glas also besser am Stiel.

WEIN PRÜFEN

Die Flasche ist geöffnet, die Gäste schauen auf den Gastgeber. Jetzt heißt es einschenken. Ein großer Moment, die erste Begegnung mit dem Wein steht bevor. Wenn sie misslingt, was dann? Wem schenkt der Gastgeber zuerst ein? Wer prüft den Wein? Und worauf muss man achten?

Wie viel Wein muss ich pro Gast einplanen?

Ein Freund von mir bemerkte einmal über die Flaschengröße Magnum: Dieses Format sei völlig überflüssig, für eine Person enthalte es gerade etwas zu viel und für zwei Personen gerade etwas zu wenig Wein. Diese Einschätzung ist sicher nicht mehrheitsfähig, denn immerhin sind das 1,5 Liter. Und doch gibt sie einen Anhaltspunkt für das obere Ende des Bedarfs. Für einen langen Abend mit Aperitif, Weißwein zur Vorspeise, Rotwein zum Hauptgang und vielleicht noch einem Süßwein zum Abschluss liegt man mit insgesamt einer Flasche Wein pro Person im Normalfall auf der sicheren Seite. Doch Sie kennen Ihre Gäste am besten. Sind viele Autofahrer darunter, brauchen Sie sicher etwas weniger. In jedem Fall ist es aber besser, am Ende des Abends noch ein paar Flaschen übrig zu haben als plötzlich ohne Nachschub dazustehen. Denken Sie aber auch an die nichtalkoholischen Getränke. Beim Aperitif an Orangensaft und Co. und beim Essen an genügend Wasser. Das hilft gegen den Durst und tut gut. Denn man sollte immer ebenso viel Wasser trinken wie Wein.

Bis knapp zur breitesten Stelle eingeschenkt kann sich der Wein im Glas optimal entfalten.

Wie viel schenke ich ein?

Es ist kein Zeichen von Großzügigkeit, wenn Sie das Glas randvoll einschenken. Der Wein soll vielmehr im Glas atmen und sein Bouquet entfalten können, und dafür braucht er Raum.
Schenken Sie das Glas daher nur bis zum weitesten Durchmesser voll. So hat der Wein die größte Oberfläche und kann seine Aromen am besten abgeben. Bei großen Rotweingläsern bleibt man sogar etwas darunter, sonst hat man eher zu viel Wein im Glas.
Eine Ausnahme bilden die hohen Champagner- und Sektgläser: Sie füllt man bis zu zwei Drittel oder drei Viertel. So kann man das Aufsteigen der Perlen im Glas am besten bewundern und genießen.

Darf man Wein mit Wasser verdünnen?

Natürlich nicht, denn der Winzer hat seine ganze Kunst darauf verwendet, um das Gleichgewicht aller Komponenten im Wein optimal abzustimmen. Finetuning im Keller gewissermaßen, da sollte man nicht eingreifen!
Und doch möchte ich ein kleines Plädoyer für die Schorle halten: Griechen und Römer haben fröhlich gepanscht und auch unser Dichterfürst Johann Wolfgang (bekanntlich selbst ein großer Weinliebhaber und -kenner) tat es und antwortete in der Kneipe ein paar vorlauten Spöttern am Nebentische mit folgendem Gedicht:

»Wasser allein macht stumm,
das beweisen im Teiche die Fische.
Wein allein macht dumm,
das beweisen die Herren am Tische!
Dieweil ich nun keins von beiden möcht' sein,
so trink ich vermischt mit Wasser den Wein.«

Ich selbst erwischte einmal einen der berühmtesten Weinautoren unserer Zeit beim Panschen. »Und«, sagte er, »ich habe Durst, und Wasser allein ist so langweilig«, »and where is the problem?« Und tatsächlich, wo ist das Problem?
Ein wenig Wasser in den Wein zu gießen oder das Wasser mit etwas Wein schmackhafter zu machen, ist in traditionellen Weinländern wie Italien oder Frankreich auf dem Lande nicht unüblich. Und auch die Deutschen lieben ihre Schorle, die Österreicher und Schweizer ihren G'spritzten als Aperitif oder erfrischendes Sommergetränk. Die »seriösere« Mischung mit kohlensäurehaltigem Mineralwasser heißt meist Sauergespritzter, die mit Limonade Süßgespritzter.

Wer probiert den Wein und wie macht man das richtig?

Im Restaurant prüft man nicht nur, ob der eingeschenkte Wein korrekt und fehlerfrei ist. Der Gast soll vielmehr auch kontrollieren können, ob die Flasche, die der Kellner an den Tisch bringt, wirklich seiner Bestellung entspricht. Der Kellner muss ihm daher zuerst das Etikett zeigen. Erst nach seinem beifälligen Nicken zieht er den Korken. Gediegene Kellner schnuppern zuerst kurz selbst daran. Denn sogar einen leichten Korkfehler kann man meist am Geruch entdecken. Dann erst schenkt er demjenigen einen Probierschluck ein, der den Wein bestellt hat.
Jetzt nur keinen Stress aufkommen lassen. Sie müssen den Wein prüfen und sollten sich dafür Zeit nehmen: Schwenken, Schnüffeln, Probieren. Sind Sie sich nicht ganz sicher, bitten Sie einen anderen Gast oder den Kellner um seine Meinung, denn nach Ihrer Zustimmung ist der Wein gekauft. Sie können aber auch von vornherein einen anderen Gast ehren und ihm die Prüfung des Weins überlassen.
Zu Hause hingegen geht es beim Probieren nur um die Frage, ob der Wein in der Flasche in Ordnung oder fehlerhaft ist. Auch hier probiert in der Regel der Gastgeber den Wein selbst, bevor er ihn den Gästen einschenkt. Natürlich können Sie auch zu Hause einen Gast bitten, diese Aufgabe zu übernehmen. Bedenken Sie aber, dass der oder die so Geehrte vielleicht ein Problem damit haben könnte, Ihnen als Gastgeber zu sagen, dass Ihr Wein nicht in Ordnung ist.

Wie erkenne ich einen Korkfehler?

Einen klaren und eindeutigen Korkfehler erkennt auch der Laie sofort: Der Wein riecht unangenehm und muffig nach Moder, Schimmel oder – wie manche meinen – nach nassem Hund. Im Gaumen ist der Wein bitter. Schwieriger wird es bei einem schwächeren Korkschmecker. Sind Sie unsicher, können Sie den Wein mit etwas Wasser verdünnen, oft verstärkt sich der Fehler dadurch und die Entscheidung wird eindeutig. Gemeiner sind die verdeckten Korkschmecker, die man nur indirekt entdecken kann: Der Wein hat seine strahlende Frucht verloren und wirkt wie abgelöscht. Hier hilft nur die Erfahrung oder der Vergleich mit anderen Flaschen des gleichen Weins.
Kleine auf dem Wein schwimmende Korkreste im Glas sind zwar unschön, haben aber nichts mit einem Korkfehler zu tun.

WAS MACHEN MIT KORKENDEM WEIN?

Nichts! Lassen Sie die Flasche stehen, so verstärkt sich der unangenehme »Duft« durch den Kontakt mit dem Sauerstoff nur noch weiter. Selbst beim Kochen geht er nicht weg und meldet sich in Ihrer Sauce zurück.
In verschiedenen Blogs wird folgender Vorschlag diskutiert: Gießen Sie den korkenden Wein in eine Glas-Karaffe. Geben Sie ein ordentliches Stück durchsichtige zerknüllte (Cellophan-)Frischhaltefolie in den Wein und lassen Sie das Ganze ein paar Stunden stehen. Leichte Korkfehler sollen dadurch verschwinden. Probieren Sie's einfach mal aus.

Gibt es außer »Kork« noch andere Weinfehler?

Ja, leider. Allerdings sind viele davon nicht endgültig und verschwinden wieder:

TRÜBUNG UND SCHLIEREN Ist ein Wein trüb oder schlierig, ist das meist dem nachlässigen Kellner zuzuschreiben, der den Bodensatz der Flasche aufgewühlt hat. Es handelt sich also nicht wirklich um einen Weinfehler. Mit etwas Geduld repariert sich der Schaden von selbst.

BLÄSCHEN UND SCHAUM IM STILLWEIN Bei vielen jungen Weißweinen ist eine kleine Menge an Kohlensäure erwünscht. Sie schenkt ihnen einen erfrischenden Geschmack. Bei reifen Weinen und insbesondere bei Rotwein sind Bläschen aber ein Fehler, der auf eine Nachgärung in der Flasche zurückzuführen ist. Oft ist der Wein trotzdem trinkbar.

ESSIGSTICH Die meisten Weine enthalten geringe Mengen an Essigsäure, doch bleibt ihre Konzentration in der Regel weit unter der Wahrnehmungsschwelle. Sticht der Essiggeruch jedoch in die Nase, handelt es sich auf jeden Fall um einen Fehler, der bei der Gärung durch Hefen oder später durch Bakterien verursacht wurde. Die Flasche ist nicht zu retten. Vielleicht haben Sie zu Hause aber ein kleines Essigfass.

FAULE EIER Man nennt diesen Weinfehler auch Böckser, weil sein Geruch an das »Parfum« eines Ziegenbocks erinnert. Er entsteht bei der Gärung im jungen Wein. Durch Belüftung kann er oft behoben werden. Gießen Sie also Ihren »kranken« Wein mehrmals von einer Karaffe in eine andere um. Vielleicht haben Sie Glück und der Geruch verschwindet!

Am Korken sind Kristalle oder Schimmel, ist der Wein noch gut?

Manchmal finden sich in oder an der Flasche »Fremdkörper«, die den Weinliebhaber irritieren können, aber absolut harmlos sind. Dazu gehören Weinstein und Schimmel am Korken.

WEINSTEIN Wenn man die durchsichtigen regelmäßig geformten Kristalle, die man gelegentlich unten am Korken von Weißwein findet, zum ersten Mal sieht, kann man sie leicht mit Glassplittern verwechseln. Oft entdeckt man sie auch wie durchsichtigen Grieß am Boden der Flasche. Sie sind nicht nur ungefährlich, sondern vollkommen harmlos, der Fachmann nennt sie Weinstein. Bei der Gärung und später bei der Lagerung des fertigen Weins bildet sich aus der Weinsäure Kaliumtartrat, das sich in den Fässern oft als eine dicke Kruste ablagert. Der Winzer kratzt diesen Weinstein regelmäßig heraus und verkauft ihn als Säuerungsmittel an die Lebensmittelindustrie. In der Flasche bilden sich dann nur noch diese kleinen hübschen Kristallsteinchen, die beim Weißwein glasklar und beim Rotwein rötlich glitzern.

SCHIMMEL AM KORKEN Oft findet man außen am Kork etwas Schimmel. Besonders häufig kommt er bei älteren Flaschen unter der Kapsel vor. Keine Sorge! Dieser Schimmel ist rein äußerlich und schadet dem Wein in der Flasche in keiner Weise. Dennoch sollten Sie ihn vor dem Entkorken sorgfältig mit einem sauberen Tuch abwischen, damit er später beim Einschenken nicht doch noch mit dem Wein in Berührung kommt.

WEIN BEURTEILEN

Der Wein im Glas spricht in seiner ganz eigenen Sprache mit uns. Man muss sich vertraut machen mit seiner Grammatik, seinen Vokabeln und seinem Satzbau: Sie besteht allerdings nicht aus Lauten, sondern aus Farbe, Duft und Geschmack. Es ist (nicht immer) ganz einfach, den Wein zu verstehen, denn er spricht alle unsere Sinne an. Wir müssen sie also öffnen.

Was zeichnet einen echten Weingenießer aus?

Diese Frage möchte ich ausnahmsweise nicht selbst beantworten, sondern übergebe dem bedeutendsten Weinautor unserer Zeit, Hugh Johnson, das Wort. Er schreibt im letzten Kapitel des »Großen Johnson«: »Es sind die Wissbegierigen, die den meisten Genuss am Wein haben. Das Schönste an der Sache ist die Abwechslung: Man könnte ein Leben lang jeden Tag einen anderen Wein probieren und würde doch immer noch dazulernen. Jede Flasche entwickelt sich im Lauf der Zeit weiter, und immer wieder gibt es neue Erzeugnisse und Kombinationen von Wein und Speisen, die man noch nicht probiert hat. Auch über sich selbst, über den eigenen Gaumen und seine Empfindungen erfährt man beständig Neues. Mit vorgefassten Meinungen und festen Regeln kommt man nicht weit beim Wein, der ein einfaches Nahrungsmittel wie Brot und Käse, ein extravagantes Luxusgut oder etwas zwischen diesen beiden Extremen sein kann. Manche gehören in Blechkrüge, andere in Kristallgläser, und es hat keinen Sinn, diese Unterschiede zu ignorieren.« Dem ist nichts hinzuzufügen.

Wie degustieren Profis?

Eine professionelle Weinprobe ist in erster Linie Arbeit und erst in zweiter (hoffentlich auch) Vergnügen. Sie folgt aber in jedem Fall klaren Regeln.

DIE VORAUSSETZUNGEN

UMGEBUNG Der Raum sollte hell und frei von störenden Gerüchen (Blumen, Parfum, Tabak usw.) sein.
UTENSILIEN Das wichtigste Werkzeug ist natürlich das Glas. Es sollte relativ klein sein, da man nur kleine Mengen degustiert. In jedem Fall soll es tulpenförmig sein. Es gibt ein international genormtes Degustationsglas, das weltweit von Profis (und auch Laien) benutzt wird. Aber auch ein kleines Weißweinglas ist bestens geeignet. Außerdem muss ein Gefäß vorhanden sein, in das man die nicht benötigte Restmenge Wein im Glas ausgießen kann. Dieses Gefäß dient in der Regel auch als Spucknapf. Zum Neutralisieren des Gaumens braucht man etwas Weißbrot und stilles Wasser (das auch zum Ausspülen der Gläser dient).

DIE VERKOSTUNG

BETRACHTEN Man hält das Glas schräg über einen weißen Hintergrund und beurteilt die Farbe und die Farbtiefe des Weins, seine Klarheit und beim Schwenken die Viskosität (Beschaffenheit der Flüssigkeit).
RIECHEN Zuerst riecht man am ruhig gehaltenen Glas, dann wird das Glas geschwenkt, um die Oberfläche zu vergrößern und damit die schwereren Aromen im Wein zu aktivieren.
SCHMECKEN Der Degustator nimmt einen kleinen Schluck Wein in den Mund. Er schluckt ihn aber nicht, sondern »kaut« ihn. Das heißt, er verteilt ihn im Mund, fühlt seine Konsistenz, seinen Körper und schmeckt seine Süße und Säure. Dann zieht er ein wenig Luft durch den Wein hindurch, er schlürft. Damit aktiviert

Konzentrierte Prüfung des Weins durch einen Profi. Arbeit oder Vergnügen?

er erneut die Aromastoffe. Sie gelangen über den Rachen nochmals in das Riechzentrum der Nase.

SCHLUCKEN ODER SPUCKEN Um auch bei einer umfangreichen Weinprobe einen klaren Kopf zu behalten, schluckt man den Wein nicht, sondern spuckt ihn aus. Damit ist die Probe aber noch nicht zu Ende, denn der Degustator nimmt erst im Nachgeschmack (nach dem Ausspucken) die Bitterkeit des Weins wirklich wahr. Schließlich beurteilt er, wie lange der Wein im Mund nachklingt. Die Länge dieses Abgangs ist ein wichtiger Hinweis auf die Qualität eines Weins.

GESAMTURTEIL Erst jetzt, am Ende der Verkostung, fügen sich alle Elemente zu einem Gesamtbild zusammen. Ist es harmonisch und komplex? Drückt es als Ganzes einen Charakter und eine Persönlichkeit aus?

Was sagt mir die Farbe?

Der erste Eindruck, den wir von einem Wein gewinnen, geht immer über das Auge. In Sekundenbruchteilen bilden wir uns eine Meinung. Erst dann setzt unser Verstand ein und nochmals später werden die anderen Sinne – Nase und Gaumen – wach. Grund genug, diesem ersten Eindruck unsere volle Aufmerksamkeit zu schenken.

KLARHEIT UND TRANSPARENZ Wenn der Wein im Glas blitzblank leuchtet, strahlt er Gesundheit und Lebensfreude aus. Ist er dagegen trüb, werden wir misstrauisch, der Wein wirkt unrein, ungesund und müde.
Es gibt allerdings auch Weine, die der Winzer ganz bewusst nur sehr vorsichtig oder überhaupt nicht filtriert, um möglichst viel von ihrem Charakter und ihrer Substanz zu erhalten. Diese können leicht trüb sein, oft steht dann auf der Flasche »non filtré«.

FARBE Alle Farben des Spektrums (Rot, Gelb, Blau) finden wir in allen Kombinationen auch im Glas. Ein junger Riesling strahlt in hellem, grün schimmerndem Gold, ein junger Beaujolais violett, ein reifer Burgunder in Orange und Ziegelrot und ein alter Sauternes tief bernsteinfarben. Verantwortlich dafür sind die Traubensorte, das Klima und das Alter des Weins. Mit der Reife entwickelt sich die Farbe des Rotweins von violetten Tönen in der Jugend über leuchtendes Rubin hin zu Orange und am Schluss gar zu zwiebelfarbenem Braun. Weißweine werden mit dem Alter goldener und später ebenfalls bräunlich. Generell hellen Rotweine mit den Jahren auf und Weißweine dunkeln nach.

FARBTIEFE Wie bei den Farben selbst finden wir auch bei der Farbtiefe die ganze Bandbreite von fast wasserhellem Weißwein bis zu nahezu undurchdringlich schwarzem Rotwein. Am stärksten beeinflusst neben dem Klima die Traubensorte die Farbtiefe.

Weinfarben bei Weißweinen

helles Gelbgrün | blasses Goldgelb | tiefes Goldgelb | warmes Bernstein

Weinfarben bei Rotweinen

Schwarzrot | Rubin | Purpurrot | Ziegelrot | Granat

Was bedeuten die Tränen innen am Glas?

Jeder Weinfreund hat die Tränen innen am Glas schon beobachtet und wahrscheinlich darüber gerätselt. Wenn Sie ein Glas mit einem gehaltvollen Weiß- oder Rotwein schwenken und es dann für einen Moment still halten, rinnen innen an der Glaswand wasserklare Tränen herunter. Wenn Sie jetzt ein wenig Geduld aufbringen, sehen Sie, wie sich diese Tränen auf geheimnisvolle Weise immer wieder erneuern. Das schaffen Sie weder mit einem Glas Wasser noch mit einem Glas reinen Alkohols. Nur in der Mischung klappt's.

WIE SIE ENTSTEHEN

Das Phänomen ist physikalisch recht kompliziert und entsteht durch die unterschiedliche Verdunstung der beiden Flüssigkeiten (Wasser und Alkohol) im Zusammenspiel mit der Oberflächenspannung und der Grenzoberflächenspannung am Glas. Besonders bei Weinen mit etwas höherem Alkoholgehalt (ab ca. 12 %) sind Tränen regelmäßig zu beobachten. Viele Weinliebhaber sehen darin einen Hinweis auf einen höheren Glyzeringehalt oder sogar ein Merkmal für besondere Qualität. Ich muss sie enttäuschen, beides trifft wohl eher nicht zu.
Man nennt die Tränen übrigens gelegentlich auch Kirchenfenster oder Beine.

Warum duftet Wein nicht nach Trauben?

Diese Frage hat sich wohl schon jeder Weinfreund gestellt, denn abgesehen von ganz wenigen Ausnahmen wie der Muskatellertraube, duftet kaum ein Wein nach den Trauben, aus denen er gekeltert wurde. Die Antwort ist ganz einfach. Die Aromen des Weins entstehen in drei verschiedenen Phasen seiner Entwicklung.

PRIMÄRAROMEN Sie stammen aus der Beere selbst. Jede Rebsorte hat ihre ganz eigene Persönlichkeit, die sich in sehr unterschiedlichen Aromen ausdrückt. Diese Aromen erinnern vor allem an Blüten, Früchte, Kräuter, Gewürze oder haben mineralische Noten. Nur in Ausnahmefällen (wie eben beim Muskateller) entdeckt man auch die direkte Aromatik der Traube. Die Primäraromen lösen sich während der Fermentation aus dem Fruchtfleisch und den Beerenhäuten. Man kann sie vor allem in jungen Weinen gut identifizieren.

SEKUNDÄRAROMEN Sie entstehen bei der alkoholischen und der malolaktischen Gärung. Die Sekundäraromen charakterisieren einen eher jugendlichen Wein und bauen sich mit der Zeit ab. Die Hefen der alkoholischen Gärung können dem Wein einen deutlichen Hefeton schenken, der an frisches Brot oder Hefezopf erinnert. Im Champagner findet man ihn häufig.

Die malolaktische Gärung ist dagegen für »Molkerei«-Noten verantwortlich (Milch, Sahne, Butter). Auch der an Vanille erinnernde Holzton aus dem Eichenfass zählt zu den Sekundäraromen.

TERTIÄRAROMEN Diese Aromen entwickeln sich erst während der Reifung des Weins im Fass oder in der Flasche. Sie bilden eine ganz neue Familie von Düften: Leder, Unterholz, Pilze und Rauch. Die Fruchtaromen treten jetzt langsam in den Hintergrund. Der Wein entwickelt eine neue Identität. In dieser Phase wird auch das vielleicht anfänglich noch störende Tannin abgebaut, es wird sanft und süß.

Warum benützen Weinexperten oft so seltsame Ausdrücke?

Jeder Weinliebhaber hat sich schon über die Weinsprache der Experten amüsiert. Sie sprechen bei der Beschreibung eines Weins von nassem Hund, Karton, Stall, gekochtem Kohl, vielleicht sogar von Katzenpipi und verziehen bei all dem keine Miene.

DIE HINTERGRÜNDE

Die oft seltsam anmutenden Vergleiche haben ihren guten Grund, und der liegt in der Struktur unserer Sprache. Diese stellt uns nämlich für die Geschmacksempfindungen eindeutige Wörter zur Verfügung: süß, sauer, bitter, salzig. Für die Düfte gibt es solche Wörter allerdings nicht. Wenn wir sie beschreiben wollen, müssen wir immer zu Vergleichen greifen, und sagen etwa: »Das riecht wie ein nasser Hund«.

Nun hat aber jeder Mensch in seinem Leben ganz individuelle Dufterfahrungen gemacht, die ihm in den Sinn kommen, wenn er etwas Bestimmtes riecht. Und diese zieht er dann heran, um diesen Duft zu beschreiben. Experten versuchen allerdings mit Hilfe von standardisierten Begriffen Ordnung in dieses freie Assoziieren zu bringen und für bestimmte Düfte immer die gleichen Vergleiche heranzuziehen.

Wie erschnüffle und ordne ich die Düfte am besten?

Haben Sie schon einmal eine Katze beobachtet, die sich einem unbekannten Objekt nähert? Sie schleicht sich langsam an, konzentriert und behutsam schnuppernd. »Wer weiß, es könnte ja essbar sein.« Genau so sollten Sie einem Glas Wein begegnen. Düfte sind etwas Subtiles, Flüchtiges. Heftiges Schnauben vertreibt sie.

SCHNUPPERN Machen Sie das zunächst vorsichtig am ruhigen Glas. Schnuppern! Nicht Luft einziehen! Die feinsten Düfte sind nämlich so flüchtig, dass Sie sie nur so einfangen können.

SCHWENKEN Erst jetzt dürfen Sie das Glas schwenken und damit die etwas schwereren Düfte aktivieren. Sie können das Glas auch auf dem Tisch stehen lassen und kreisend bewegen, das geht etwas einfacher. Sie werden feststellen, dass der Duft sich merklich verändert hat: Er ist wahrscheinlich kräftiger, intensiver und reicher, aber – und das ist das Entscheidende – er hat sich auch verändert. Entdecken Sie den Unterschied!

NOCHMALS SCHNUPPERN Es gibt noch eine sogenannte dritte Nase: Schnüffeln Sie nochmals am Glas, wenn Sie es leer getrunken haben. Sie werden verblüfft sein, welch neue Dimensionen der Duft auch dann noch entwickeln kann.

Auf der folgenden Doppelseite finden Sie eine Zusammenstellung der häufigsten Düfte, die man im Wein entdecken kann. Sie sind zu Duftfamilien zusammengefasst. Einige Düfte sind für bestimmte Rebsorten typisch, andere für bestimmte Herstellungstechniken. Sie können bei Ihren Degustationen versuchen, Ihre Eindrücke mit diesen Tabellen zu ordnen.

ÜBERSICHT ÜBER DIE AROMEN IM WEISSWEIN

AROMEN	BEISPIELE	TYPISCH FÜR …
Blumig	Akazie	Junge Weißweine, Soave, Sauvignon blanc
	Linde	Reife Weißweine, Sémillon, Sauvignon Blanc, Sauternes
	Rose	Gewürztraminer, Muskateller
Fruchtig	Pfirsich, Aprikose	Riesling, Chardonnay, Süßweine
	Apfel	Chardonnay, Riesling
	Birne, Quitte	Grauburgunder
	Zitrusfrüchte	Sauvignon blanc, Riesling
	Beeren (schwarze Johannisbeeren)	Sauvignon blanc
	Exotische Früchte (Ananas, Mango)	Chardonnay, Grauburgunder, Riesling Spätlese
	Getrocknete Früchte (Feigen, Aprikosen)	Süßweine, Weine aus warmen Klimazonen
Vegetabil	Paprika, Stachelbeere, Gras	Sauvignon blanc
Gewürze	Pfeffer	Grüner Veltliner
Nussig	Haselnüsse	Champagner, weißer Burgunder
Mineralisch	Schiefer	Riesling
	Feuerstein	Chablis, Pouilly-Fumé, Chasselas
Süß	Honig	Edelsüße Weine
	Butter	Chardonnay
	Vanille	Im Holzfass ausgebaute Weine
Geröstet	Toastbrot	Champagner

ÜBERSICHT ÜBER DIE AROMEN IM ROTWEIN

AROMEN	BEISPIELE	TYPISCH FÜR …
Blumig	Rose	Nebbiolo, Barbera, Montepulciano d'Abruzzo
	Veilchen	Sangiovese, Syrah, Cabernet aus Frankreich
Fruchtig	Schwarze Früchte (Kirschen, Pflaumen)	Merlot, Pinot noir, Syrah
	Rote Beeren (Erdbeeren, Himbeeren)	Pinot noir, Tempranillo
	Schwarze Beeren (schwarze Johannisbeeren)	Cabernet Sauvignon
	Banane	Beaujolais primeur
Kräuter	Vegetabil (Gras, Paprika, Minze)	Cabernet Sauvignon, Cabernet Franc
	Mediterran (Thymian, Rosmarin, Salbei)	Weine aus dem Languedoc, aus Süditalien und Sardinien
Erdig	Laub, Wald, Pilze	Reife Weine, Pinot noir, Nebbiolo, Merlot
	Teer	Nebbiolo, Syrah, Tannat (Madiran)
Gewürze	Vanille	In Eichenholz ausgebaute Weine
	Lakritze	Syrah, Merlot, Sangiovese
	Pfeffer	Syrah
	Schokolade	Bordeaux, Nebbiolo
Animalisch	Leder	Syrah
	Wild	Rhône-Weine

Was kann ich alles schmecken?

Das Schmecken ist vom Riechen schwer zu trennen, denn unser Gaumen ist über den Rachen mit dem Riechzentrum verbunden. Der Wein erwärmt sich im Mund und gibt Aromastoffe frei, die über die Atemluft in die Nase steigen. So »riechen« wir ihn ein zweites Mal. Die Zunge ist daran nicht beteiligt. Sie schmeckt vier »Geschmäcker«: süß, sauer, bitter und salzig.

SÜSS Fast jeder Wein enthält einen Hauch von Süße. Wir schmecken sie mit der Zungenspitze, als ersten Eindruck. Selbst wenn wir sie in einem trockenen Wein nicht wirklich wahrnehmen, rundet sie ihn doch ab, macht ihn weich und geschmeidig. Ganz knochentrockene Weine sind die große Ausnahme, sie wirken hart und sperrig. Der Eindruck von Süße stammt in erster Linie vom Restzucker im Wein. Allerdings können sehr fruchtbetonte Weine auch süß wirken, und schließlich schmeckt auch der Alkohol selbst süß und verstärkt die Süße des Restzuckers.

SAUER Nach der Süße ist die Säure der zweite Geschmackseindruck. Wir schmecken sie an den Zungenrändern. Sie gibt vor allem Weißweinen Struktur. Ohne sie wären alle Weine fad und flach. Ihre belebende Frische bildet das Gegengewicht zur Süße. Man spricht daher oft von einem Süße-Säure-Spiel.

BITTER Diesen Geschmack nehmen wir hinten am Zungengrund wahr, also oft erst nach dem Schlucken. Nicht von Ungefähr spricht man von einem bitteren Nachgeschmack. Eine leichte Bitternote entdecken wir in vielen italienischen Weinen, dort wirkt sie wie bei Bitterschokolade oder Mandeln angenehm und edel. Dominiert die Bitternote, wirkt sie störend und weist auf unreifes Lesegut oder mitvergorene Stiele hin.

SALZIG Obwohl in jedem Wein verschiedene Salze chemisch gelöst sind, schmecken nur wenige danach. Am bekanntesten ist die deutliche Salznote in einem trockenen Sherry oder in der Petite Arvine aus dem Wallis.

Dieser Wein zieht mir den Mund zusammen, was ist das?

Normalerweise fühlt sich unsere Mundhöhle glatt und feucht an, wenn wir aber gewisse Weine genießen, wird sie plötzlich rau und trocken. Wir haben das Gefühl, die Schleimhäute ziehen sich zusammen. Verantwortlich dafür ist die Gerbsäure, das Tannin. Es kommt in praktisch allen Rotweinen vor, ist in jungen Weinen oft sehr dominant und kann den Weingenuss empfindlich stören. Das Tannin stammt zum überwiegenden Teil aus den Beerenschalen und den Kernen, manchmal auch aus den Stielen und zu einem wesentlich kleineren Teil aus dem Holz des Fasses, in dem der Wein reift. In Weißweinen kommt es praktisch nie in spürbarem Maße vor.

WOFÜR TANNIN GUT IST

Das Tannin hat zwei Funktionen: Zum einen wirkt es im Wein wie ein Konservierungsmittel. Es erlaubt ihm, in Ruhe zu reifen und sein ganzes Potenzial zu entwickeln. Alle großen lagerfähigen Rotweine brauchen deshalb eine gehörige Portion Tannin. Anfangs ist es oft etwas aggressiv, später mit der Reife wird es nach und nach immer weicher, samtiger und süß. Und schließlich hebt sich der Tanninvorhang und der reife Wein betritt die Bühne.
Doch das Tannin spielt auch bei Tisch eine bedeutende Rolle. Die meisten klassischen Rotweine sind Essensbegleiter. Und hier, neben dem Teller, erfüllt das Tannin eine wichtige Funktion. Nach jedem Bissen haben wir wie von selbst Lust auf einen Schluck Wein, denn das Tannin reinigt unseren Mund und macht Lust aufs Weiteressen. Ein leicht raues, aber nicht hartes Tannin empfinden wir zusammen mit dem Essen also als durchaus angenehm.

Wie fühlt sich ein Wein im Mund an?

Unsere Zunge kann nicht nur schmecken, sie kann auch fühlen. Beim Essen tastet sie jeden Bissen sorgfältig ab. Ist alles schön zerkaut und weich, sind noch Fremdkörper wie Fischgräten oder Olivensteine enthalten? Erst nach dieser Prüfung wird geschluckt. Genau so macht die Zunge das auch beim Wein.

VISKOSITÄT Die Zunge spürt, ob ein Wein sich flüssig anfühlt wie Wasser oder dick wie Öl. Er kann klebrig sein, schmelzend oder cremig.

DER KÖRPER Die Zunge empfindet das Gewicht des Weins wie einen Körper. Dieser kann leicht und eher schlank sein, rund und ausgewogen oder dick und fett. Er kann weich sein, straff, muskulös, fleischig, wuchtig, üppig und vieles mehr.

KOHLENSÄURE In vielen Weißweinen ist etwas Kohlensäure gelöst. Man erkennt sie manchmal nach dem Einschenken als feinen weißen Schaum auf der Oberfläche im Glas. Durch die Wärme der Zunge löst sie sich und schenkt uns ein angenehm erfrischendes Prickeln. Sie macht den Wein leichter, manchmal fast tänzerisch.

EXTRAKTSTOFFE Darunter versteht man die Menge an Inhaltsstoffen, die im Wein gelöst sind. Je weniger Extraktstoffe ein Wein hat, um so leichter ist sein Körper und um so flüssiger seine Viskosität. Leichte, flüssige Weine stammen meist aus einem eher kühlen Anbaugebiet und enthalten auch weniger Alkohol. Sie wirken frisch und lebendig. In einen körperreichen, üppigen Wein kann man dagegen fast beißen. Er ist reichhaltig, besitzt viel Extrakt und oft auch einen hohen Alkoholgehalt. Sehr körperreiche Weine stammen meist aus warmen Anbaugebieten. Die Winzer der Neuen Welt lieben diesen Stil. Ob leicht und flüssig oder wuchtig und dick, in einem ausgewogenen Wein befinden sich alle diese Elemente in einem harmonischen Gleichgewicht.

Was ist ein guter oder sogar ein großer Wein?

Das ist wohl die Frage aller Fragen.
Es gibt Weintheoretiker, die meinen, man könne objektiv und beinahe wissenschaftlich feststellen, ob ein Wein gut oder sogar groß ist. Ich gehöre nur bedingt zu ihnen.
Natürlich kann man vieles anhand äußerer Kriterien feststellen. Alle Weinfachleute und -genießer rund um den Globus versuchen das. Sie prüfen, beschreiben und beurteilen ihre Weine nach denselben Regeln, um am Schluss wie in einer Rechnung zu einem Gesamtergebnis zu kommen. Fällt dieses positiv aus, handelt es sich um einen guten Wein. Man kann diesem Vorgehen natürlich nicht wirklich widersprechen, denn in einem guten Wein müssen die angewandten Kriterien immer in hohem Maße erfüllt sein.

UND WAS MACHT EINEN WEIN NUN GROSS?

Jeder Weinliebhaber hat es doch schon erlebt, dass er von einem Wein überwältigt wurde. Das sind dann Weine, die nicht nur gut sind und uns schmecken, sie berühren uns und wühlen uns auf. Wo aber steckt das Geheimnis dieser Kraft? Es liegt in ihrer Ausstrahlung, ihrer Persönlichkeit und ihrem Charakter verborgen. Deshalb kann eine Begegnung mit ihnen zu einem unvergesslichen Erlebnis werden. Diese Ausstrahlung kann man aber nur erleben, nicht messen. Denn einen solchen Wein umgibt ein Fluidum, wie das Charisma eines Menschen. Es scheint mit Händen greifbar zu sein und dennoch packt man sein Geheimnis höchstens an einem Zipfel. Und für eine objektive Aussage reicht dieser letztlich doch nicht wirklich aus. Man verzeiht solchen Weinen sogar kleine Fehler, Kanten und vielleicht sogar Schroffheiten.

WEIN UND GESUNDHEIT

Ist Wein gesund? Der Streit ist wohl so alt wie der Wein selbst. Auf der einen Seite kann der Wein das Herz des Menschen erfreuen, seinen Geist öffnen und wie ein Medikament wirken. Auf der anderen Seite gefährdet er als Nervengift unsere Gesundheit. Dieses Kapitel gibt einige Hinweise zum verantwortlichen Umgang mit unserem zweigesichtigen Freund.

Wie viel Alkohol enthält Wein eigentlich?

»Wein enthält Alkohol – das ist nur einer von vielen Gründen, weshalb ich ihn so liebe«, schreibt Jancis Robinson in ihrem »Hallwag Handbuch Wein«.
Dem kann wohl die überwältigende Mehrheit aller Weinliebhaber nur zustimmen.
Der Alkoholgehalt eines Weins muss in den meisten Ländern auf dem Etikett angegeben werden. Normalerweise liegt er zwischen 12 und 14,5 Volumenprozent. Damit ein Getränk als Wein anerkannt wird, muss es in Europa mindestens 8,5 % Alkohol enthalten. Ausnahmen sind aber möglich, so etwa beim duftigen Moscato d'Asti aus dem Piemont, der es in der Regel nur auf 5,5 % bringt. Auch viele deutsche Prädikatsweine erreichen die Vorgabe von 8,5 % nicht immer. Auf der anderen Seite liegt die Grenze bei 15 % für nicht gespritete Weine. Doch auch da gibt es Ausnahmen, wie den berühmten Amarone mit bis zu 16 %. Gespritete Weine, denen während oder nach der Gärung Alkohol beigemischt wurde, können wesentlich höhere Volumenprozente erreichen: zum Beispiel Port mit 18–20 %, Sherry mit 16–24 % und Madeira mit 17–20 %.

ALKOHOLARME UND -FREIE WEINE

Die Nachfrage nach diesen Weinen hat in den letzten Jahren deutlich zugenommen. Bei einem Alkoholgehalt von 1–2 % spricht man von alkoholfreiem Wein, bei 2–5,5 % von alkoholarmem Wein. Es wurden verschiedene Verfahren entwickelt, um dem Wein den Alkohol zu entziehen, ohne seine übrigen Eigenschaften zu verändern. In Europa ist die wichtigste und schonendste Methode die Vakuumdestillation. Unter Vakuum verdampft der Alkohol bei normaler Raumtemperatur fast vollständig, während alle übrigen Bestandteile des Weins erhalten bleiben.

Täglich Wein?

»Der Verzicht auf Wein ist ein Risikofaktor für Ihre Gesundheit«, stand auf dem Buchdeckel des Bestsellers »Täglich Wein« des Ernährungswissenschaftlers Nicolai Worm. Seine provokativ gemeinte These sorgte für zum Teil heftige Diskussionen zwischen Weinliebhabern, Suchttherapeuten und Abstinenzlern.

DER STAND DER WISSENSCHAFT

Mäßiger Weingenuss senkt das Risiko, an Krankheiten der Herzkranzgefäße zu sterben, deutlich. Zum einen verringert der Alkohol im Wein die Ablagerungen von Cholesterin in den Blutgefäßen, die den Herzmuskel ernähren. Die Blutzirkulation bleibt also offen und frei. Zum andern verhindert er die Verklumpung (Koagulierung) des Blutes, indem er die Klebrigkeit der Blutplättchen und den Anteil von Fibrin verringert. Es entstehen also auch weniger Blutgerinnsel, die die Blutgefäße verstopfen könnten. Diese Wirkung ist allerdings nicht von langer Dauer, sondern verebbt nach etwa 24 Stunden. Es nützt also nichts, am Wochenende kräftig zuzulangen und während der Woche abstinent zu leben. Es braucht das tägliche Glas Wein. Nun ist Alkohol nicht gleich Alkohol und Wein auch nicht gleich Wein: Ein spezifischer Bestandteil des Rotweins sind die Phenole. Es gibt Hunderte davon, ihr Anteil im Weißwein ist weit geringer als im Rotwein. Diese Phenole haben eine deutlich antioxidative Wirkung und verringern damit ebenfalls die Koagulierung der Blutplättchen und deren Ablagerung an der Innenseite der Gefäße. Also: Alkohol allein ist zwar gut, Rotwein ist aber besser.
Die entscheidende Frage heißt: Wie viel? Wo kippt die Medizin Wein in ihr Gegenteil? Schon Paracelsus wusste: Die Dosis macht das Gift! Das Optimum scheint zwischen zwei und vier Gläsern pro Tag – vorzugsweise zu den Mahlzeiten – zu liegen.

Alkohol am Steuer – wann darf ich noch Auto fahren?

Es ist eindeutig: Alkohol beeinträchtigt auch in geringen Mengen die Fahrtüchtigkeit am Steuer und erhöht damit das Unfallrisiko beträchtlich. Das Überschreiten bestimmter Promillegrenzen wird daher in den meisten Ländern unter Strafe gestellt. Für folgende europäische Länder gilt:

DEUTSCHLAND
0,0 ‰ für Fahranfänger in der Probezeit und bis zur Vollendung des 21. Lebensjahrs
0,3 ‰ bei Unfall oder Auffälligkeit
0,5 ‰ für alle Fahrer unabhängig vom Fahrverhalten

ÖSTERREICH
0,1 ‰ bis zur Vollendung des 21. Lebensjahrs
0,5 ‰ für alle Fahrer unabhängig vom Fahrverhalten

BELGIEN, BULGARIEN, DÄNEMARK, FINNLAND, FRANKREICH, GRIECHENLAND, ISLAND, ITALIEN, KROATIEN, LUXEMBURG, NIEDERLANDE, PORTUGAL, SCHWEIZ, SLOWENIEN, SPANIEN, TÜRKEI
0,5 ‰ generell

NORWEGEN, POLEN, SCHWEDEN
0,2 ‰ generell

GROSSBRITANNIEN, IRLAND
0,8 ‰ generell

RUMÄNIEN, RUSSLAND, SLOWAKEI, TSCHECHIEN, UNGARN
0,0 ‰ generell

Übrigens: Für Fahrradfahrer gelten meist die gleichen Regeln …

Vegetarische Weine – gibt es die und warum?

Ja, erstaunlicherweise gibt es tatsächlich vegetarische und sogar vegane Weine.
Grundsätzlich wird Wein aus Trauben und nichts als Trauben hergestellt, deshalb sollte er für Vegetarier eigentlich kein Problem darstellen. Während des Herstellungsprozesses kommt er unter Umständen aber auch mit tierischen Produkten in Berührung. Und damit haben Vegetarier und Veganer dann doch ein Problem. Im jungen Wein sind Stoffe enthalten, die unter bestimmten Bedingungen Trübungen oder Schlieren verursachen können. Diese gilt es herauszufiltern. Um diese Trübstoffe zu binden, verwenden die Kellermeis-

Manch ein Vegetarier fragt sich zu recht:
Wird Wein wirklich nur aus Trauben gemacht?

ter seit vielen Jahrhunderten neben anorganischen auch verschiedene organische Substanzen, die aus tierischem Eiweiß gewonnen werden: Hühnereiweiß, Kasein, Hausenblase und Gelatine.

ORGANISCHE SCHÖNUNGSMITTEL

EIWEISS Das Klare vom Hühnerei wird von altersher und auch heute noch oft bei feinen Rotweinen verwendet, um die bitteren und herben Tannine zu binden und auszufällen. Allerdings reichen für ein Barriquefass (225 Liter) bereits fünf Eier. Minimale Reste können im fertigen Wein allerdings noch nachgewiesen werden.
KASEIN Es wird aus Magermilch hergestellt und besonders bei Weißweinen zur Beseitigung von Braunstichigkeit verwendet.
HAUSENBLASE Dabei handelt es sich um hochwertigen Fischleim, der seit Jahrhunderten aus der Blase des Hausen (einer Störart) und anderer Süßwasserfische (Wels) hergestellt wird. Mit dem Pulver oder Granulat bindet man überschüssiges Tannin in jungen Rotweinen und klärt Weißweine.
GELATINE Sie wird aus Knochen hergestellt und bindet wie die Hausenblase überschüssiges Tannin.

ANORGANISCHE SUBSTANZEN

Will der Winzer organische Schönungsmittel vermeiden, stehen dem Kellermeister verschiedene Mineralstoffe wie Bentonit und Kaolin zur Verfügung, beides besondere Arten von Ton. Ebenfalls zum Einsatz kommt Kieselsol, eine Form der Kieselsäure. Diese Substanzen sind sowohl für Vegetarier als auch für Veganer unbedenklich.
Ab 1. Juli 2012 muss in der EU die Verwendung von Eiweiß und Kasein auf dem Etikett deklariert werden.

Gibt es Weine, die für Diabetiker geeignet sind?

Diabetiker müssen nicht auf den Weingenuss verzichten, denn ein Glas Wein verändert ihren Blutzuckerspiegel nur unwesentlich. Trotzdem muss der Wein natürlich in die tägliche Berechnung der Kohlenhydrate mit einbezogen werden.
Manchmal steht auf dem Rückenetikett des Weins: »Für Diabetiker geeignet«. Das bedeutet: Bei 20 Gramm Restzucker pro Liter enthält der Wein höchstens vier Gramm Glucose (Traubenzucker), der Rest ist natürlicher Fruchtzucker (Fructose). Für den Blutzuckerspiegel ist nämlich in erster Linie die Glucose verantwortlich und nicht die Fructose. Da die Fructose zwei bis drei Mal süßer wirkt als die Glucose, können auch liebliche Weine für Diabetiker geeignet sein. Die übrigen Grenzwerte sind: Maximal 12 % Alkohol und 150 Milligramm schweflige Säure pro Liter.
Im Zweifelsfall sollten Sie den Arzt konsultieren.

Warum macht Wein manchen Menschen Kopfschmerzen?

Man kann es drehen und wenden wie man will: In zu großen Dosen genossen ist Alkohol ein Gift, das mancherlei Beschwerden hervorrufen kann. Lesen Sie dazu auch die Frage auf der nächsten Seite: »Was mache ich gegen den Kater?«

UNVERTRÄGLICHKEITEN

Eine ganz andere Sache ist aber die Unverträglichkeit, die gewisse Menschen gegen Rotwein haben. Sie leiden manchmal schon nach einem halben Gläschen unter starken Kopfschmerzen oder Migräne, und das oft bereits nach wenigen Minuten oder einer Stunde. Weitere Symptome sind: Herzklopfen, Rötungen, Hautausschläge und Juckreiz. Davon ist etwa ein Prozent der Bevölkerung – vor allem Frauen – betroffen. Allem Anschein nach ist diese Unverträglichkeit nicht genetisch bedingt, sondern erworben, denn sie tritt meist erst nach dem 40. Lebensjahr auf. Grund ist die Histaminose, eine allergieähnliche Reaktion auf Histamine, die in vielen – besonders in länger gelagerten – Lebensmitteln vorkommen. Dazu gehören neben dem Rotwein auch reifer Hartkäse, geräuchertes Fleisch (Salami), Sauerkraut und Schokolade. Und jetzt kommt die schlechte Nachricht: Eine wirkliche, dauerhafte Therapie gibt es leider nicht. Die Betroffenen müssen um diese Nahrungsmittel wohl einen großen Bogen machen. Die gute Nachricht: Es gibt eine Alternative, den histaminarmen Weißwein.
Schwefel wird oft auch als Ursache für Kopfschmerzen angeführt, besonders seit auf den Weinetiketten generell der Hinweis »Enthält Sulfite« stehen muss. Bei den Konzentrationen, die man in den Weinen findet, kann man ihm aber kaum die Schuld zuweisen.

Was mache ich gegen den Kater?

Die Symptome kennen wir alle: Kopfschmerzen, Gleichgewichtsstörungen, Formulierungsschwierigkeiten, Magenbeschwerden, die zu Erbrechen führen können, depressive Verstimmungen und manch andere Unpässlichkeiten. Was kann man dagegen tun?
Das Wichtigste ist die Prävention: Alkohol entzieht dem Körper Wasser. Es ist daher wichtig, schon während des Alkoholkonsums möglichst viel Wasser zu trinken, mindestens die gleiche Menge wie Wein wird empfohlen. Auch vor dem Schlafengehen sollte man nochmals viel Mineralwasser zu sich nehmen und die volle Flasche (Wasser!) neben dem Bett griffbereit halten.
Meiden Sie schwarzen Kaffee, er dehydriert ihren Körper nur noch weiter. Außerdem kann die Wirkung des Alkohols etwas gemildert werden, indem man fetthaltige Speisen dazu isst. Sie verzögern die Aufnahme ins Blut.
Ist das Malheur aber einmal passiert, hilft eigentlich nur Ruhe und geduldiges Abwarten. Magentees oder Bouillon können gegen Verdauungsbeschwerden helfen, ein kühles Tuch gegen Kopfweh, als Schmerzmittel hat sich vor allem Ibuprofen bewährt. Und die Leber freut sich über eine homöopathische Unterstützung mit einem Mariendistelpräparat.

EIN REZEPT

Einige Weinfreunde schwören dagegen auf einen Drink, den Klassiker Bloody Mary. Schon Hemingway soll seine Hilfe gerne in Anspruch genommen haben. Verrühren Sie dafür 4 cl Wodka oder Gin mit 8 cl Tomatensaft, dem Saft von ½ Zitrone und je 2 kräftigen Spritzern Tabascosauce und Worcestersauce sowie 4 Eiswürfeln in einem Rührglas. Abgießen, mit (Sellerie-)Salz würzen, und wohl bekomm's!
Die Variante ohne Wodka heißt übrigens Virgin Mary.

Muss ich zum Wein Wasser trinken?

Wein hat viele großartige Eigenschaften, aber ein Durstlöscher ist er nicht. Im Gegenteil, Alkohol entzieht dem Körper Wasser, das unbedingt ersetzt werden muss. Mediziner empfehlen, mindestens die gleiche Menge Wasser zu trinken wie Wein. Neben jedes Weinglas gehört also ein Wasserglas.

WELCHES WASSER SOLL ES SEIN?

Nun ist Wasser nicht gleich Wasser, die Unterschiede beim Leitungswasser und die Auswahl an hochwertigen Tafelwässern ist groß.
Das Trinkwasser in den Alpenländern ist in der Regel von guter bis hervorragender Qualität.
Sobald wir aber in südlichen Ländern unterwegs sind oder in Regionen ohne Quellwasser lässt die Wasserqualität rasch nach. Das Wasser schmeckt fad oder penetrant nach Chlor. Dafür wächst hier das Angebot an guten bis hervorragenden Tafelwässern. Nicht alle sind aber als Begleiter zum Wein geeignet. Damit das Wasser den Weingenuss nicht stört, sollte es möglichst geruchs- und geschmacksneutral sein und frisch schmecken. Ob es Kohlensäure enthält oder nicht ist in erster Linie eine Frage des Geschmacks, zu stark kohlensäurehaltiges Wasser unterstreicht allerdings die Säure und die Gerbstoffe im Wein. Den gleichen (unerwünschten) Effekt haben auch Wasser mit hohem Mineralgehalt wie Natrium, Kalzium und Magnesium. Stilles, mineralienarmes Wasser dagegen mildert die Säure und das Tannin des Weins. Die Spritzigkeit eines frischen Weißweins kann es hingegen etwas beeinträchtigen. Ideal ist daher ein Wasser mit wenig Kohlensäure und nicht allzu hohem Gehalt an Mineralien.
Wasser mit viel Kohlensäure sollte etwas wärmer serviert werden (16–18 °C), solches mit wenig kühler (13–14 °C) und stilles besonders kühl (10–12 °C).

WEIN AUSWÄHLEN

Wein war immer in erster Linie Begleiter zu den Mahlzeiten. Doch wie im richtigen Leben passt nicht jede zu jedem. Auf der anderen Seite sind aber auch überraschende Harmonien möglich. Ein paar Regeln sollte man kennen, bevor man sie vielleicht am Ende doch noch bricht. Und: Vor, neben und nach seiner Rolle als Partner bei Tisch führt der Wein auch ein vielfältiges Leben als Single.

Welche sind die besten Aperitif-Weine?

Das Wort Aperitif leitet sich von lateinisch »aperire«, das heißt öffnen, ab. Und genau das ist seine Funktion: Er öffnet in gleicher Weise den Appetit für die Genüsse auf der Tafel wie den Geist der Gäste für die Geselligkeit und das Gespräch. Der Aperitif überbrückt die Zeit des Wartens auf die letzten Nachzügler und gibt Raum, um sich kennenzulernen.
Appetitanregend sind eigentlich alle trockenen und nicht allzu schweren Weißweine. Wichtig sind eine duftige Frische und eine belebende Säure. Zu viel Alkohol ist nicht erwünscht, der Magen ist ja noch leer.
Gute Beispiele sind: deutsche Rieslinge von Rhein und Mosel in höchstens Spätlesequalität, Grüner Veltliner aus Österreich, Schweizer Weine aus der Chasselas-Traube, Müller-Thurgau, Chablis, Entre-Deux-Mers, Soave Classico, Verdicchio und Arneis.
Die Auswahl ist riesig und Phantasie gefragt. Da teure Spitzenweine als Aperitif eher fehl am Platz sind, können Sie auch einen guten lokalen Wein wählen. Er schenkt dem Anlass eine spezielle Note, die auch das Gespräch befruchten kann.

FÜR BESONDERE ANLÄSSE

Eine besonders festliche Stimmung verbreiten alle Schaumweine, denn das glitzernde Spiel der aufsteigenden Perlen macht aus jedem Glas ein kleines Feuerwerk. Zudem fördert die Kohlensäure die Aufnahme des Alkohols ins Blut. Der Wein steigt einem ein bisschen zu Kopf, verfliegt aber rasch, der Geist öffnet sich und das Gespräch wird angeregter. Gute Beispiele sind: deutscher Winzersekt, Cava, guter (!) Prosecco, Franciacorta und natürlich der Schaumwein aller Schaumweine, Champagner.

Wein und Essen, worauf muss ich besonders achten?

Die erste und vornehmste Aufgabe des Weins ist es, eine Mahlzeit zu begleiten. Nun bilden aber die unzähligen verschiedenen Weine zusammen mit ebenso unzähligen Rezepten einen so dichten Dschungel, dass sich die idealen Partner schwerlich finden werden. Doch so schlimm ist es gar nicht, denn es gibt Wegweiser, die unsere Partner sicher zusammenführen. Grundsätzlich sollte die Abfolge sowohl beim Essen wie beim Wein vom leichten zum gehaltvolleren aufsteigen. Die Intensität des Weins muss mit der des Essens harmonieren: Ein zu kräftiger Wein erschlägt ein zartes Gericht und umgekehrt.
GESCHMACK Bei den vier Geschmacksempfindungen süß, sauer, bitter und salzig finden wir ganz klare Verträglichkeiten und Unverträglichkeiten:
Süße und Säure vertragen sich bestens. Das Süße-Säure-Spiel verleiht ja auch vielen Weißweinen ihren besonderen Reiz. Die fernöstliche Küche und jeder Fruchtsalat mit etwas Zitronensaft beweisen das.
Die Verbindung von Süßem mit Süßem lässt dagegen etwas Spannung vermissen. Ein Süßwein zur Apfeltarte ist ok. Doch der gleiche Süßwein zum Blauschimmelkäse ist wesentlich interessanter. Süßes und Salziges ergänzt sich also sehr gut.
Weit problematischer ist die Kombination von Tannin und Salz. Ich bin entgegen der weitverbreiteten Meinung, ein tanninreicher Bordeaux passe gut zu salzigem Käse, der Ansicht, dass Tannin und Salz sich gegenseitig stören. Das Tannin wird hart und das Salz unangenehm. Wenn schon Rotwein zum Käse, empfehle ich eher einen tanninarmen Pinot noir. Noch besser finde ich aber einen Weißen dazu.
Auch mit Säure wirkt Tannin hart.
Also: Säure verträgt sich mit Säure und mit Süße. Tannin wird hart und bitter mit Salz und Säure. Salz ver-

Ein echtes Traumpaar: salziger Roquefort und Süßwein.

trägt sich gut mit Süße, Süße harmoniert hervorragend mit Salz und Säure. Alles klar?

KÖRPER Den Körper einer Speise und eines Weins fühlen wir mit der Zunge. Er kann filigran und schlank, üppig oder schwer sein. Hier gilt: Gleich und Gleich gesellt sich gern. Ein zarter Fisch harmoniert mit einem filigranen Weißwein, ein kräftiger Schmorbraten mit einem kraftvollen Rotwein.

GLEICHE AUGENHÖHE Wie im richtigen Leben begegnen sich auch bei Tisch die Partner am besten auf gleicher Augenhöhe: Zur Grillparty passt ein anderer Wein als zum festlichen Diner.

REGIONALE VERWANDTSCHAFT Viele Weine blicken auf eine lange Geschichte zurück. Sie standen seit Jahrhunderten zusammen mit den traditionellen Speisen auf dem Tisch. Zu ihnen passen sie am besten.

Darf ich Regeln auch brechen?

Rotwein zum Fisch und Weißwein zum Käse: Regeln brechen und Experimentieren ist kreativ und macht Spaß. Ich möchte Sie dazu ermuntern – und doch auch etwas warnen. Kreativität kann leicht mit Willkür verwechselt werden, deshalb ist es sicher nicht ganz falsch, die Regeln zunächst einmal kennenzulernen. Danach können Sie sie mit umso mehr Genuss und Erfolg variieren. Die Regeln von der vorangehenden Seite gelten nämlich grundsätzlich auch beim Experimentieren mit Essen und Wein.

EXPERIMENTIEREN ERLAUBT

Sie können zum Beispiel bestimmte Eigenschaften eines Gerichts oder eines Weins herausheben und betonen, indem Sie sie in der Kombination stärker berücksichtigen. Das wirkt dann ungewohnt und überraschend, macht aber dennoch Sinn, weil es ein neues Licht auf die beiden Partner wirft. Heißt das aber schon, die Regeln brechen?

Nicht unbedingt: Ein tanninreicher Rotwein zu einem Sauerbraten wird immer bitter schmecken, denn die Herren Bitter und Sauer werden sich nie wirklich vertragen. Dafür kann ein leichter Spätburgunder hervorragend zu einem gebratenen Fisch passen. Im Gegensatz zu den beiden zitierten Herren sind Rotwein und Fisch also nicht grundsätzlich unverträglich, wenn Geschmack und Intensität stimmen.

Ich selbst schließe vor der Wahl des Weins oft kurz die Augen und versuche mir die Eigenschaften eines Gerichts und eines Weins vorzustellen. Oft kommt mir dabei eine Idee, die nichts mit den Regeln zu tun hat, aber vielleicht mit Erfahrung und Phantasie. Dann probiere ich sie aus. Häufig gelingt es und manchmal nur halb. In jedem Fall bin ich eine Erfahrung reicher. Probieren Sie's auch.

Wie bestelle ich im Restaurant?

In der Regel wählen die Gäste im Restaurant zuerst die Speisen aus und dann erst den Wein. Einem aus der Runde fällt dann vielleicht die Ehre zu, die Weinauswahl vorzuschlagen oder gar zu bestimmen. Das kann sich als sehr knifflige Aufgabe entpuppen und manch ein Auserwählter kommt dabei ins Schwitzen, denn sicher hat sich einer für Fisch und ein anderer für Wild entschieden. Immer häufiger findet man in guten Restaurants daher das Angebot, Flaschenweine auch glasweise auszuschenken. Diese Möglichkeit sollten Sie unbedingt nutzen. Aber achten Sie darauf, dass die Flaschen auch wirklich frisch sind und der Wirt nicht glasweise Resteverwertung betreibt – fragen Sie nach, wann die Flasche geöffnet wurde.

WEISS UND ROT FÜR ALLE

Alternativen sind halbe Flaschen, die auf manchen Weinkarten im Angebot sind. Wenn beides nicht geht, sondieren Sie am Tisch, ob Koalitionen möglich sind. Sie könnten zum Beispiel gemeinsam eine Flasche Weißwein zur Vorspeise bestellen, die ein Gast – der den Fisch gewählt hat – zum Hauptgang weitertrinkt. Die anderen wechseln zu Rotem, bei dem sich alle beim Käse wieder finden.
Wenn Sie bei der Wahl des Weins unsicher sind, fragen Sie den Weinkellner, er ist dafür da, Sie zu beraten. Bleiben Sie aber selbstbewusst und lassen Sie sich zu nichts überreden, denn er ist ja nicht nur Ihr Berater, sondern auch der Verkäufer des Wirts. Im Zweifelsfall entscheiden Sie sich für einen Wein aus der Gegend. Meist ist das Angebot an regionalen Weinen nämlich reichhaltig.
Dann beginnt das Ritual des Öffnens und Servierens, lesen Sie dazu auf Seite 48: »Wer probiert den Wein und wie macht man das richtig?«

Welchen Wein genieße ich zum Relaxen am Abend?

Das Abendessen liegt schon hinter uns und wir haben Zeit und Lust, noch ein wenig unseren Vorlieben nachzugehen. Die Flaschen im Keller locken als Begleitung für diese besondere Stunde. Wenn man sich jetzt vergreift, kippt die Lust schnell in einen kleinen Frust.

DIE RICHTIGE WAHL

Die wichtigste Regel: Der Wein steht für sich allein und muss sich ohne Partner behaupten können. Dafür muss er eine ganz besondere Qualität besitzen.
Zudem muss er die Harmonie in sich selber tragen und nicht im Dialog mit einer Speise entwickeln. Tanninreiche Rotweine oder säurebetonte Weißweine, die zum Essen hervorragend sein können, sind als Begleiter in den Abend eher weniger empfehlenswert. Ganz anders ein duftiger, gehaltvoller und vielleicht nicht ganz trockener Riesling von der Mosel, ein Gewürztraminer aus dem Elsass, ein Completer aus dem Bündnerland oder ein Rotgipfler aus der Thermenregion. Diese Weine sind stark genug, um allein im Leben zu stehen. Bei den Roten gehört dieser Tagesabschnitt vor allem den reifen Weinen aus der Pinot-noir-Rebe mit ihrem Schmelz und ihren betörenden Düften.
Die eigentlichen Könige dieser späten Stunden sind aber die Süßweine: Dazu gehören natürlich die Auslesen aus Deutschland, die großartigen Süßweine vom Neusiedlersee und die Eisweine, aus Italien der Vin Santo und alle Passito-Weine, aus Frankreich die Weine aus Sauternes und Barsac, aus Ungarn der Tokaj und viele mehr. Hinzu treten die großen gespriteten Weine aus aller Welt, allen voran natürlich der Portwein, aber auch Malaga, Madeira und Banyuls. Italiener nennen diese Weine »vini da meditazione« denn sie laden ein, über die Süße und Bitternis des Lebens nachzudenken.

Welcher Wein passt zur Grillparty?

Sicher nicht nur einer! Meist nimmt man zur Grillparty ja sehr unterschiedliche Dinge mit: Gemüse, Fisch, Hähnchen und Fleisch liegen auf dem Grill. Oft ist das Fleisch zudem kräftig gewürzt, dazu gibt's eine Auswahl an Saucen und Salaten. Diese bunte Mischung macht die Entscheidung nicht einfach.
Eine gute Wahl könnte daher sein: ein leichter Weißwein (Riesling, Grüner Veltliner, Weißburgunder, Chasselas La Côte, Müller-Thurgau) und/oder ein trockener Rosé, zum Beispiel Bandol. Diese Weine erfrischen schon beim Warten auf die Glut und begleiten später das Gemüse, den Fisch und sogar das Hähnchen hervorragend.
Zum kräftig gewürzten Fleisch muss natürlich ein entsprechend muskulöser Rotwein mit von der Partie sein. Warum nicht ein Malbec aus Argentinien, der Wein, den der Gaucho sich einschenkt, wenn die faustdicken Fleischstücke auf dem Grill duften und die Sonne glutrot in der Prärie versinkt. Gute Alternativen sind Côtes du Rhône, Rotweine aus dem Languedoc, Rioja Reserva, Zinfandel.
Die Weine sollten auf jeden Fall gut gekühlt serviert werden, etwa zwei Grad kühler als auf Seite 26/27 empfohlen. An heißen Sommertagen erwärmen sie sich sehr schnell im Glas. Kühlbox nicht vergessen!

Muss ich zum Kochen wirklich einen teuren Wein nehmen?

Sicher sind fehlerhafte Weine als Kochwein ungeeignet. Denn die Defekte, wie zum Beispiel Kork oder Essigstich, finden Sie nachher eins zu eins in der Sauce wieder. Andrerseits ist die Behandlung, die der Wein im Kochtopf erleidet, für ihn doch recht unfreundlich, sodass gerade die feinen und flüchtigen Bestandteile eines hochwertigen Weins beim Kochen wohl eher ins All entweichen. Trotzdem, wenn wir eine Speise wirklich geschmacklich verfeinern wollen, so muss der Wein auch eine gewisse Qualität aufweisen. Eine gute Wahl ist der gleiche Wein, den man nachher zum Essen trinkt, aber in einer einfacheren Qualität.

Ein Gericht oder eine Sauce ist immer nur so gut (oder schlecht), wie der Wein, den man zugießt.

Weinreste – was mache ich mit den angebrochenen Flaschen?

Wein verändert sich an der Luft, oxidiert und wird langsam zu Essig. Außer bei einem wirklich reifen Wein geht dieser Prozess aber relativ langsam vor sich. Ein, zwei Tage übersteht ein Wein in der geöffneten Flasche meist unbeschadet, manchmal wird er dabei sogar noch besser. Wichtig: Verschließen Sie die angebrochene Flasche dicht und stellen Sie sie in den Kühlschrank (auch den Rotwein!), denn alle biologischen Vorgänge verlangsamen sich bei tieferen Temperaturen. Bewährt hat sich auch die Methode, den Wein in kleinere Flaschen umzufüllen oder mit einer kleinen Pumpe die Luft aus der Flasche zu pumpen. Beides verringert den Luftkontakt.
Natürlich kann man Weinreste auch zum Kochen verwenden. Freunde von mir frieren sie sogar portionenweise ein, so haben sie immer Kochwein zur Hand.

WEINESSIG HERSTELLEN

Ich selbst habe im Keller eine Fünfliterflasche, in der sich eine Essigmutter über Weinreste freut. Die Flasche sollte möglichst bauchig sein, damit der Wein genügend Kontakt mit der Luft hat und die Essigbakterien atmen können. Ideal sind Glas- oder glasierte Tongefäße. Metall ist nicht geeignet, da es vom Essig angegriffen wird. Zu Beginn brauchen Sie eine Essigmutter oder eine kleine Flasche lebendigen Essig (mit aktiven Bakterien). Die Essigmutter bekommen Sie von Freunden, nach dem Essig fragen Sie im Reformhaus. Den Wein können Sie mit etwas Wasser verdünnen, dann wird der Essig nicht zu sauer. Verschließen Sie die Flasche mit einem Tuch und einem Gummiring und die Bakterien beginnen ihr Werk. Jetzt braucht es nur noch etwas Geduld – zwei bis drei Wochen genügen – und Ihr erster Essig ist fertig.

WEINETIKETTEN

Es geht uns wohl allen so: Wir schauen ein Etikett an und fühlen uns spontan angezogen oder werden misstrauisch. Über das Etikett teilt der Produzent dem Weinliebhaber alles mit, was das Gesetz vorschreibt, aber er lässt ihn auch teilhaben an seinem Stil und Lebensgefühl: Modern-stilish, klassisch-traditionell oder einfach nur kitschig.

Was sagt mir das Etikett?

Die Flasche ist zu, der Korken sitzt fest und alles, was ich über den Inhalt erfahren kann, sind die Informationen auf dem Etikett. Es ist die Identitätskarte des Weins, folgt genauen gesetzlichen Regelungen und unterliegt behördlichen Kontrollen.
Etwas Vorsicht ist trotzdem geboten, denn das Etikett dient nicht nur der Information, sondern auch der Werbung. Außerdem spricht jedes Etikett in seiner eigenen Sprache: das italienische Italienisch, das spanische Spanisch und das griechische eben Griechisch. Da kann man leicht einen spanischen Vino da Mesa (VdM) für einen Messwein halten. Zudem sind viele Angaben wie DOC, Kabinett oder Crianza unverständlich, wenn man nicht weiß, was sich dahinter verbirgt. Sie finden deshalb auf den nächsten Seiten die häufigsten Angaben für einige wichtige Länder zusammengestellt.

HAUPT-, RÜCKEN- UND HALSETIKETT

Man unterscheidet grundsätzlich zwischen Haupt-, Rücken- und Halsetikett. Auf dem Halsetikett ist meist nur der Jahrgang angegeben. Dadurch muss der Winzer nicht jedes Jahr neue Hauptetiketten drucken lassen. Dort stehen die gesetzlich vorgeschriebenen Informationen. Da diese aber von Jahr zu Jahr zunehmen und das Etikett »überwuchern«, sind viele Winzer dazu übergegangen, diese Angaben auf dem Rückenetikett zu platzieren. Es hat daher vielfach die Rolle des Hauptetiketts übernommen. Das Rückenetikett kann zusätzlich über das Weingut, die Rebsorten, den Süßegrad und die passenden Speisen sowie die geeignete Temperatur informieren.
Diese Lösung lässt den Winzern beim Design des Etiketts viel Freiraum. Allerdings garantiert Geschmackssicherheit beim Wein nicht immer Geschmackssicherheit bei der »künstlerischen« Gestaltung.

Wie lese ich ein deutsches Etikett?

QUALITÄTSSTUFEN (AUFSTEIGEND)

DEUTSCHER TAFELWEIN wird gemäß EU-Richtlinien in »Wein« umbenannt: einfachste leichte Weine.
LANDWEIN wird gemäß EU-Richtlinien in g.g.A. (geschützte geografische Angabe) umbenannt. Entspricht dem französischen Vin de Pay. Einfache leichte Weine
QBA (Qualitätsweine bestimmter Anbaugebiete) seit Ende 2011 in g.U. (geschützte Ursprungsbezeichnung) umbenannt: Weine mittlerer Qualität, die oft mit Zucker angereichert (chaptalisiert) sind
PRÄDIKATSWEIN (bis Ende 2007 QmP, Qualitätswein mit Prädikat) Weine höherer Qualität, die nicht mit Zucker angereichert (chaptalisiert) werden dürfen. Alle Weinkategorien von Kabinett bis Trockenbeerenauslese
KABINETT Leichte, frische Weine. Trocken bis lieblich
SPÄTLESE Weine, die aus hochreifen Trauben stammen, körperreich. Trocken bis lieblich
AUSLESE Weine aus hochreifen Trauben, oft mit etwas Edelfäule und Restsüße
BEERENAUSLESE (BA) Weine aus edelfaulen Trauben
EISWEIN Wird aus am Weinstock gefrorenen (mindestens –7 °C) Trauben gekeltert. Die Qualität der Trauben muss einer Beerenauslese entsprechen.
TROCKENBEERENAUSLESE (TBA) Prädikat für edelste Süßweine aus handverlesenen Beeren getrockneter, edelfauler Trauben

ANDERE ANGABEN

AP-NR (Amtliche Prüfungsnummer) Qualitätsweine werden amtlich geprüft (Labor- und Geschmacksprüfung) und mit einer Nummer versehen.
ERZEUGERABFÜLLUNG, GUTSABFÜLLUNG Weine, die aus eigenen Trauben gekeltert und im eigenen Betrieb abgefüllt wurden

Die Wehlener Sonnenuhr ist eine der berühmtesten Steillagen an der mittleren Mosel (65–70 %). Da an der Mosel noch andere Rebsorten gepflanzt werden, ist die Rebsorte auf dem Etikett angegeben: Riesling. Der niedrige Alkoholgehalt von 8,5 % lässt auf einen süßen Wein schließen, da sich im Wein noch unvergorener Zucker befindet. Prädikatswein Spätlese gibt die Qualitätsstufe an und deutet ebenfalls auf einen lieblichen oder süßen Wein hin.

GROSSES GEWÄCHS (im Rheingau Erstes Gewächs) VDP-Kategorie für trockene Spitzenweine aus einer hervorragenden Lage (Qualität Spätlese oder besser)
VDP (Verband Deutscher Prädikatsweingüter) Als Symbol dient der Adler mit der Traube und dem Kürzel VDP. Es weist das Weingut als Mitglied des Verbands Deutscher Prädikatsweingüter aus, eine Vereinigung von Spitzenweingütern.

Wie lese ich ein österreichisches Etikett?

QUALITÄTSSTUFEN (AUFSTEIGEND)

TAFELWEIN Herkunft ganz Österreich
LANDWEIN Herkunft bestimmte Weinbauregion
QUALITÄTSWEIN Herkunft bestimmte Weinbaugebiete. Der Traubenmost darf mit Zucker angereichert werden. Alkoholgehalt mindestens 9 %
KABINETTWEIN Herkunft bestimmtes Weinbaugebiet. Der Wein darf nicht aufgezuckert werden. Diese Weine sind mit maximal 9 g/l Zucker immer trocken.
PRÄDIKATSWEIN Weine ab der Qualitätsstufe Spätlese bis Trockenbeerenauslese (anders als in Deutschland gehört Kabinett nicht dazu.) Herkunft bestimmtes Weinbaugebiet. Darf nicht aufgebessert werden. Die verschiedenen Prädikate sind:
SPÄTLESE Wein aus vollreifen Trauben
AUSLESE Bei der Ernte werden alle nicht vollreifen oder fehlerhaften Beeren ausgesondert.
BEERENAUSLESE Wein aus überreifen und edelfaulen Trauben
EISWEIN Die Trauben müssen bei der Lese und Kelterung gefroren sein. Keine Edelfäule
STROHWEIN Die Trauben müssen auf Stroh gelagert und luftgetrocknet sein. Keine Edelfäule
AUSBRUCH Wein aus edelfaulen Beeren
TROCKENBEERENAUSLESE Wein aus größtenteils edelfaulen und weitgehend eingeschrumpften Beeren

ANDERE ANGABEN

DAC (Districtus Austriae Controllatus) Seit 2003 eingeführt, entspricht dem französischen AOC-System.
STEINFEDER, FEDERSPIEL, SMARAGD Klassifizierung der Wachauer Weine in aufsteigender Qualität

Wie lese ich ein Schweizer Etikett?

Der Weinbau in der Schweiz verteilt sich auf drei Sprachregionen. Die allgemeinen Angaben auf den Etiketten sind daher in einer der drei Landessprachen abgefasst. Übersetzungen dazu finden Sie bei den Fragen zu den deutschen, französischen und italienischen Etiketten.
Im Vergleich zu den Nachbarländern ist das Klassifikationssystem in der Schweiz noch relativ jung und daher noch nicht überall und einheitlich eingeführt. 1988 wurden erstmals AOC-Prädikate (Kanton Genf) verliehen. In mehreren Deutschschweizer Kantonen sind aber immer noch keine AOCs vergeben worden.

DIE ANGABEN

AOC (Appellation d'Origine Contrôllée) Wird vom Kanton oder der Gemeinde verliehen und regelt die zugelassenen Rebsorten, die Pflanzdichte, den Ertrag pro Hektar und die Herstellungsverfahren
DOC (Denominazione di Origine Controllata) Entspricht im Tessin der AOC
GRAND CRU (Wallis, Waadt), PREMIER CRU (Genf) Hervorragende Lage innerhalb der AOC, die besonders strengen Vorschriften untersteht
LANDWEIN (Vin de Pay) Einfacher Wein mit Herkunftsbezeichnung
TAFELWEIN (Vin de Table) Einfachste Kategorie ohne Herkunftsbezeichnung
VITI (Vini Ticinesi) Zusätzliches Gütesiegel für Tessiner Weine aus der Merlot-Traube. Wird nach einer Geschmacksprüfung und einer allgemeinen Beurteilung an bessere Weine erteilt. Das Gütesiegel VITI kann auch an Grappa verliehen werden.

Wie lese ich ein französisches Etikett?

QUALITÄTSSTUFEN (AUFSTEIGEND)

VIN DE TABLE Einfacher Wein ohne Herkunfts- und Jahrgangsangabe
VIN DE PAYS Landwein, einfacher Wein aus einer bestimmten, meist größeren Region als AC mit höheren Erträgen und auch aus nichttraditionellen Rebsorten
VDQS (Vin de qualité supérieure) Eine Stufe unter und Anwärter auf AC
AC, AOC (Appellation Contrôlée oder Appellation d'Origine Contrôlée) Staatlich geregelte Herkunft, Sortenzusammensetzung und Produktionsmethode

ANDERE ANGABEN

BLANC Weiß
CAVE Kellerei
CHÂTEAU Weingut (meist im Bordeaux), muss jedoch nicht unbedingt ein Schloss sein
COTEAUX, CÔTES Hanglagen
CRU, CRU CLASSÉ, GRAND CRU, PREMIER CRU usw. Damit werden in einem komplizierten System bestimmte Lagen besonders ausgezeichnet.
DOMAINE Weingut
MÉTHODE CLASSIQUE, MÉTHODE TRADITIONELLE Schaumweinbereitung mit Flaschengärung wie in der Champagne
MILLÉSIME Jahrgang
MIS EN BOUTEILLE AU CHÂTEAU (DOMAINE, PROPRIÉTÉ) Erzeugerabfüllung
NÉGOCIANT Händler, aber auch eine Kellerei, die Trauben aufkauft und verarbeitet
PROPRIÉTAIRE-RÉCOLTANT Der Besitzer ist auch der Winzer.
RÉCOLTE Ernte, Jahrgang

Aus Meursault stammen die vornehmsten Weißweine Burgunds. Charmes ist die größte Premier-Cru-Lage am Ort. Sie wird ihrem Namen durch charmante und sanft mineralische Weine vollauf gerecht. Die Rebsorte wird nicht auf dem Etikett genannt, da in dieser Appellation nur Chardonnay zugelassen ist. Die Domaine des Comtes Lafon ist zweifellos das feinste Weingut im Ort, das seine Weine auch in der eigenen Kellerei abfüllt.

RÉCOLTANT Winzer
ROUGE Rot
SUPÉRIEURE Diese Weine haben einen höheren Alkoholgehalt.
VIEILLES VIGNES Alte Reben, deutet auf einen gehaltvollen Wein hin
VIGNERON Winzer
VILLAGE Bessere Orte innerhalb einer AC
VITICULTEUR Winzer

Wie lese ich ein italienisches Etikett?

QUALITÄTSSTUFEN (AUFSTEIGEND)

VINO DA TAVOLA Einfacher Wein. Wird aber oft auch für Spitzenweine benützt, die den staatlichen Vorschriften nicht entsprechen
IGT (Indicazione Geografica Tipica) Einfacher Wein aus einer bestimmten Region. Entspricht dem französischen Vin de Pay (Landwein)
DOC (Denominazione di Origine Controllata) Staatliche Herkunfts- und Produktionsgarantie
DOCG (Denominazione di Origine Controllata e Garantita) Staatliche Herkunfts- und Produktionsgarantie für die besten italienischen Weine

ANDERE ANGABEN

ABBOCCATO Lieblich
AMABILE Etwas süßer als Abboccato
ANNATA Jahrgang
AZIENDA AGRICOLA Weingut, das Wein aus eigenen Reben erzeugt
AZIENDA VINICOLA Gut, das Wein auch aus zugekauften Trauben erzeugt
CANTINA SOCIALE, CANTINA COOPERATIVA Genossenschaftskellerei
CLASSICO Kerngebiet einer Apellation
CONSORZIO Winzerverband
FATTORIA Landwirtschaftlicher Betrieb
DOLCE Süß
FRIZZANTE Perlend
IMBOTTIGLIATO ALL'ORIGINE Erzeugerabfüllung
LIQUOROSO Alkoholstarker, meist aufgespriteter Wein
PASSITO Wein aus getrockneten Beeren, meist süß
RISERVA Längere Reifung, Auslese
SECCO Trocken

Barolo ist für die Piemontesen der Wein der Könige und der König der Weine. Er besitzt die höchste italienische Qualitätsstufe DOCG und darf nur in einem kleinen Gebiet südwestlich der Trüffelstadt Alba hergestellt werden. Vigneto Arborina ist eine besonders hervorragende Lage. Die einzige zugelassene Rebsorte für den Barolo ist Nebbiolo, deshalb erscheint sie nicht auf dem Etikett. Elio Altare gilt als einer der prominentesten Vertreter einer modernen Interpretation des Barolo.

SPUMANTE Schäumend
SUPERIORE DOC-Wein von höherer Qualität
TENUTA Weingut
VENDEMMIA Ernte, Jahrgang

Wie lese ich ein spanisches Etikett?

QUALITÄTSSTUFEN (AUFSTEIGEND)

VINO DA MESA Tafelwein. Unterste Kategorie
VDT (Vino de la Tierra) Entspricht dem französischen Vin de Pay. Einfacher Wein aus einer bestimmten Region. Aber auch höherwertige Weine außerhalb der DO-Richtlinien
VCIG (Vino de Calidad con Indicación Geografica) Eine Stufe unter und Anwärter auf DO
VINO DE PAGO Wein einer Spitzenlage. Entspricht einem Grand Cru
DOP (Denominación de Origen Protegida) In Zukunft gemäß EU-Richtlinien die Zusammenfassung von DO und DOCa
DO (Denominación de Origen) Staatliche Herkunfts- und Produktionsgarantie
DOCa (Denominación de Origen Calificada) Spitzenwein. Bisher nur in Rioja und im Priorat, wo diese Kategorie DOQ heißt

ANDERE ANGABEN

BLANCO Weiß
BODEGA Kellerei oder Weinhandlung
COSECHA Ernte, Jahrgang
CRIANZA Mindestens zwei Jahre Ausbau, davon sechs Monate (in Rioja und Ribera del Duero zwölf Monate) im Eichenfass
EMBOTELLADO (DE ORIGEN) Erzeugerabfüllung
GRAN RESERVA Mindestens fünf Jahre Ausbau, davon zwei Jahre im Eichenfass.
JOVEN »Junger« Wein, der im Jahr nach der Ernte auf den Markt kommt. Ohne Fassreifung
RESERVA Mindestens drei Jahre Ausbau, davon ein Jahr im Eichenfass
ROSADO Rosé
TINTO Rot

Das Gebiet Rioja ist riesig. Trotzdem fehlt eine Regulierung der Lagen. Deshalb gibt der Rioja-Pionier Contino auf seinem Etikett Single Vinyard an. So erfährt der Kenner, dass der Wein aus seiner großartigen Einzellage stammt. Obwohl die Hauptrebsorte des Gebiets Tempranillo ist, sind noch einige andere Rebsorten zugelassen. Die Zusammensetzung ist dem Etikett nicht zu entnehmen. Um die Echtheit der Weine von Contino zu garantieren, werden die Flaschen nummeriert.

WEIN HERSTELLEN

Für viele Weinfreunde hat das Geschehen im Dunkel des Kellers etwas Geheimnisvolles, angesiedelt zwischen Schwarzer Magie und Hightech. Da kann es nicht falsch sein, sich einmal genau zu informieren, wie viel Wissen, Erfahrung und Kunst es braucht, um aus »simplem« Traubensaft Wein zu machen.

Weinbereitung – Handwerk, Kunst oder Wissenschaft?

Sicher haben die Menschen schon vor Zehntausenden von Jahren die Freuden des vergorenen Traubensaftes entdeckt. In der Jungsteinzeit haben sie gelernt, Tonkrüge mit engem, verschließbaren Hals herzustellen, in denen man Wein für einige Monate aufbewahren konnte. Jetzt lohnte es sich, Reben zu kultivieren und Wein in etwas größeren Mengen herzustellen. Die Winzer stampften die Trauben in großen Wannen und füllten den Saft in Krüge. Nach Abschluss der Gärung wurden sie verschlossen, der Wein war im Prinzip fertig.

REICHER ERFAHRUNGSSCHATZ

Ausgehend von diesem »primitiven« Anfang hat sich im Lauf der Jahrtausende ein immenser Schatz an Wissen angesammelt. Die Winzer konnten den Vorgang der Weinbereitung immer besser beherrschen und verfeinern. Die Weinherstellung war ein hochentwickeltes Handwerk geworden, das einige Vertreter bis zur Kunst steigerten. Was aber genau bei der Gärung und Reifung im Fass geschah, blieb weiter ein Geheimnis. Das änderte sich, als Louis Pasteur 1860 entdeckte, dass die Gärung kein mystischer Vorgang, sondern das Werk von Hefen und Bakterien ist. Jetzt wurde es möglich, jeden Schritt der Weinbereitung zu analysieren und dem Kellermeister verfahrenstechnische Instrumente zur Verfügung zu stellen. Die Kellertechnik wurde zu einer Wissenschaft, die sich ihrerseits rasant bis zu den Hightech-Anlagen moderner Kellereien entwickelt hat. Und das Handwerk, die Kunst? Auch das Wissen der Wissenschaft ist nur Stückwerk. Und daher wird es immer den Erfahrungsschatz und das Fingerspitzengefühl des Winzers brauchen, der genau weiß, wie er in jedem speziellen Jahr seinen Wein neu erfinden kann.

Wie macht man Weißwein?

Die Bereitung von Weißwein unterscheidet sich ganz grundsätzlich von der des Rotweins: Beim Weißwein werden die Trauben nämlich vor der Gärung abgepresst, beim Rotwein erst nachher.
Das hat seinen guten Grund: Der Winzer will beim Weißwein vermeiden, dass Tannine und andere bittere oder adstringierende Inhaltsstoffe aus den Schalen, Kernen und Stielen in den Wein gelangen und seine saubere Frische zerstören. Er presst die Trauben daher sofort nach der Anlieferung im Keller. Viele Winzer lesen ihre Weißweintrauben zudem in der Kühle der Nacht, damit die Gärung nicht vorzeitig einsetzt und dadurch doch Tannine und Bitterstoffe aus den Traubenschalen in den Most gelangen. Das erklärt auch, weshalb viele der feinsten Weißweine aus eher kühlen Anbaugebieten stammen.
Auch bei der Gärung selbst und der anschließenden Klärung des Weins ist höchste Sorgfalt geboten, denn höhere Temperaturen und der Kontakt mit Sauerstoff gefährden die Frische und Fruchtigkeit des Weins.
Die meisten Winzer nutzen zur Weißweinherstellung deshalb Stahltanks, in denen die Temperatur kontrolliert und gesteuert werden kann. Nur wenige besonders hochwertige Weißweine, vor allem aus der Chardonnay-Traube, werden nach der Gärung im Holzfass weiter ausgebaut.

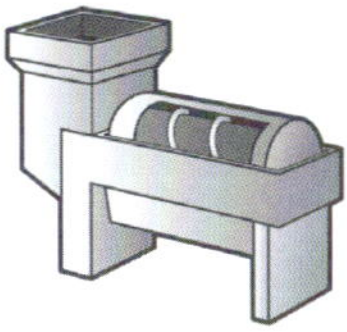

Gleich nach der Lese werden die Trauben gequetscht und entstielt.

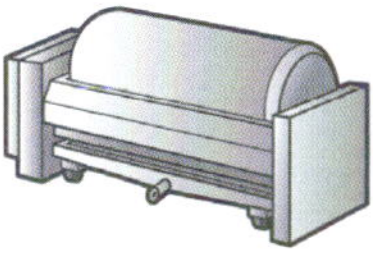

Bevor die Gärung beginnt wird der Most abgepresst.

Die Gärung findet in temperatur- gesteuerten Stahltanks statt.

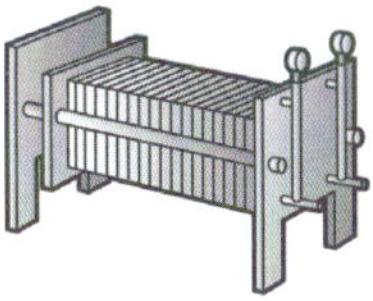

Nach Abschluss der Gärung wird der Weißwein gefiltert.

Der fertige Wein wird abgefüllt und kommt gleich in den Verkauf.

Wie macht man Rotwein?

Die Beerenhäute der Rotweintrauben enthalten viele wichtige Inhaltsstoffe für den späteren Wein – vor allem die Farbe, das Tannin und eine breite Palette an Geschmacksstoffen. Sie werden während der Gärung aus den Häuten gelöst. Die Pressung erfolgt also erst, nachdem dieser Prozess abgeschlossen ist. Das ist der entscheidende Unterschied zur Weißweinbereitung. Nach der Lese kommen die Trauben zuerst in eine Abbeermaschine, die die Stiele von den Beeren trennt. Anschließend werden die Beeren zu einem Brei gemahlen, der Maische, die aus Häuten, Fleisch, Kernen und einigen Stielresten besteht. Diese Maische wird als Ganzes vergoren: Die Hefen beginnen ihre Arbeit und verwandeln den Zucker in Alkohol, der nun das Tannin, die Farbe und vieles mehr aus der Maische, vor allem den Häuten, herauslöst. Die dabei entstehende Kohlensäure treibt die festen Bestandteile der Maische im Gärbehälter immer wieder nach oben zu einem sogenannten Tresterhut. In ihm konzentrieren sich all die wertvollen Inhaltsstoffe, die der Kellermeister herauslösen möchte. Damit das vollständig gelingt, muss dieser Hut immer wieder unter den Saft gedrückt werden. In moderneren Gärtanks kann man den gärenden Most von unten über den Hut pumpen oder sogar den ganzen Tank rotieren lassen. Nach dem Ende der Gärung wird der Wein abgepresst und je nach Weinstil im Holzfass oder Stahltank weiter gelagert und ausgebaut.

Gleich nach der Lese werden die Trauben gequetscht und entstielt.

Die Maische wird zusammen mit den Traubenschalen vergoren.

Der Rotwein wird erst nach Abschluss der Gärung gepresst.

Die meisten Rotweine reifen nach der Gärung eine gewisse Zeit im Fass oder im Stahltank.

Nach der Reifung wird der Wein geklärt. Für hochwertige Weine wird dafür häufig Eiweiß verwendet.

Der fertige Wein wird abgefüllt, reift in der Flasche weiter und kommt dann erst in den Verkauf.

Wie macht man Rosé?

Es gibt zwei Wege, um Rosé zu gewinnen.

ROSÉ AUS ROTEN TRAUBEN Der richtige Rosé stammt von roten Trauben. Sie werden zu Brei vermahlen – gemaischt – wie für einen Rotwein. Nach ein paar Stunden trennt der Winzer einen Teil des Saftes von der Maische und gewinnt so einen hellroten Most, den er nun weiter verarbeitet wie für einen Weißwein. Die im Gärbehälter verbleibende Maische ist jetzt so konzentriert, dass sie einen besonders gehaltvollen Rotwein ergibt. Man nennt dieses weitverbreitete Verfahren Saignée. Wenn man so will, dient es vor allem zur Anreicherung des Rotweins, bei dem der Rosé als Nebenprodukt entsteht. Da dieses Verfahren vor allem bei qualitätsbewussten Winzern angewendet wird, die bestes Traubengut verarbeiten, sind die Rosés von diesen Weingütern oft sehr fein. Natürlich kann der Winzer auch die gesamte Maische zu Rosé verarbeiten. Rosé ist also ein Rotwein, der schon nach kurzer Gärung abgepresst wurde.

ROSÉ AUS EINEM VERSCHNITT Billiger Rosé hingegen entsteht außerhalb der EU oft aus dem Verschnitt von Rotwein und Weißwein. Der Qualitätsunterschied ist mit »Händen« zu greifen. Eine Ausnahme macht der Rosé-Champagner, der fast immer ein Verschnitt von roten Pinot- und weißen Chardonnay-Weinen ist.

Kann man aus roten Trauben auch Weißwein keltern?

Ja, das geht. Wenn man eine rote Weintraube schält, sieht man, dass das Fleisch innen in den meisten Fällen gar nicht rot ist, sondern grünlich-durchscheinend, also nicht wesentlich anders als bei den weißen Beeren. Trennt man den (weißen) Saft beim Keltern sofort von den roten Schalen, lösen sich keine Farbstoffe in ihm und er bleibt weiß, wie später auch der Wein daraus. Es handelt sich also eigentlich um das gleiche Vorgehen wie beim Weißwein, nur eben mit roten Trauben.
Oft haben diese Weine dennoch eine etwas dunklere Färbung, sind fast eine Art sehr heller Rosé. Die Franzosen nennen sie deshalb auch Vin gris, grauer Wein. In Deutschland kennt man die Bezeichnungen Weißherbst oder, besonders an der Ahr, auch Bleichert.
Eine große Rolle spielen die weißgepressten Weine aus roten Rebsorten bei der Schaumweinherstellung. In einem »normalen« weißen Champagner ist in der Regel mehr als die Hälfte aus roten Pinot-Sorten gekeltert und in einem sogenannten Blanc de Noirs sogar der ganze Flascheninhalt.

Welche Rolle spielt das Holzfass?

Schon viele Jahrhunderte vor Christus wurden Holzfässer gebaut, um Wein zu lagern und zu transportieren. Kein anderes Material, nicht einmal der moderne Stahltank, hat es geschafft, das Holz zu verdrängen. Im Gegenteil, es spielt auch heute noch – gerade bei hochwertigen Weinen – bei der Gärung, der Reifung und der Lagerung von Wein eine herausragende und viel diskutierte Rolle.

Das Holzfass beeinflusst den Wein in doppelter Hinsicht: Es ist im Gegensatz zum Stahltank aus porösem Material und lässt einen gewissen Kontakt des Weins mit dem Sauerstoff der Umgebung zu. Der Wein beginnt auf eine sehr sanfte Art zu reifen. Zudem gibt das Holz Geschmacksstoffe und Tannin an den Wein ab. Nach Versuchen mit Holzarten wie Akazie, Kastanie und Pinie war schnell klar: Keine kommt an die optimalen Eigenschaften und den vornehmen, an Vanille erinnernden Duft von Eichenholz heran.

Ebenfalls entscheidend ist die Herstellung des Holzfasses. Die Dauben werden über Feuer gebogen und erhalten eine mehr oder weniger starke Röstung, die dem Wein später beim Reifen einen Duft von Karamell oder Mokka schenken kann.

Je nach Größe und Alter des Fasses sind all diese Einflüsse mehr oder weniger ausgeprägt: Je kleiner das Fass, umso mehr Wein kommt in Kontakt mit dem Holz, das ihm umso mehr Sauerstoff und Geschmacksstoffe abgibt. Als ideale Fassgröße hat sich international das aus Bordeaux stammende Barrique mit 225 Litern Fassungsvermögen und einer Daubendicke von etwa 20 Millimetern durchgesetzt.

Um die Dauben biegsam zu machen, wird das Holzfass innen erwärmt, was dem Wein auch ein Toastaroma verleiht.

Eichenspäne, -raspel und -würfel dienen als Alternative zum Aromatisieren von Wein.

Darf der Winzer statt einem Holzfass auch Eichenspäne verwenden?

Man kann unter einen Most tatsächlich vor der Gärung Eichenspäne mischen. Damit bekommt der Wein das gleiche begehrte Vanillearoma wie beim Fassausbau, die Kosten belaufen sich aber nur auf einen Bruchteil davon. Diese Späne können verschieden stark getoastet sein, man kann den Beitrag des Holzes zum Aroma also sehr genau steuern. Allerdings schenkt diese Behandlung dem Wein nicht die Alterungsfähigkeit und Komplexität wie der richtige Fassausbau. Hinweise auf die Verwendung von Eichenspänen bekommt man, wenn auf dem Etikett statt »barrel aged« nur »oak aged« oder Eichenholzreifung angegeben ist.

Was versteht man unter der malolaktischen Gärung?

Man nennt die malolaktische Gärung oft auch den biologischen Säureabbau.
Früher haben die Winzer im Frühjahr die Kellertüren geöffnet, um die warmen Frühlingslüfte in den Keller zu lassen. Dann begann es in den Fässern erneut zu gurgeln und zu schäumen. »Der Wein wird unruhig, weil er spürt, dass draußen im Weinberg die Rebstöcke wieder austreiben«, meinten die Winzer und sprachen von der zweiten Gärung.
Heute wissen wir, dass dieser Vorgang mit der alkoholischen Gärung nichts zu tun hat. Bei ihr wird der Zucker der Trauben von Hefepilzen zu Alkohol vergoren, bei der zweiten Gärung hingegen sind Bakterien am Werk, die die scharfe Apfelsäure in die viel mildere Milchsäure umwandeln. Sie kommen in alten Kellern auf natürliche Weise vor und beginnen bei steigenden Temperaturen spontan aktiv zu werden. In modernen Betrieben werden heute jedoch häufig die berechenbaren Zuchtkulturen verwendet.
Doch die malolaktische Gärung ist nicht immer erwünscht: Besonders junge Weine aus kühleren Regionen haben oft einen hohen Anteil an (scharfer) Apfelsäure. Diese gibt vielen frischen Weißweinen Struktur und Charakter. Deutsche Rieslinge sind ein gutes Beispiel dafür. In diesen Fällen versucht der Kellermeister daher zu verhindern, dass eine Malo (so wird sie von Winzern genannt) eintritt. Bei einer wachsenden Anzahl anderer Weißweine hingegen und bei vielen Schaumweinen dämpft er mit einer vollständigen oder teilweisen malolaktischen Gärung die Schärfe des Weins.
Beim Rotwein, besonders bei hochwertigen Rotweinen, ist die malolaktische Gärung sogar fast immer erwünscht. Die Weine werden runder, weicher und erhalten mehr Komplexität.

Wie kommen die Perlen in den Schaumwein?

Grundsätzlich gibt es zwei Methoden für die Schaumweinherstellung: die Flaschen- und die Tankgärung.

FLASCHENGÄRUNG Bei dieser Methode werden die fertig vergorenen Grundweine in eine dickwandige Flasche abgefüllt, mit etwas Zucker und Hefe versetzt und in der verschlossenen Flasche einer zweiten Gärung überlassen. Dabei entsteht ein Bodensatz aus abgestorbenen Hefezellen, der für mindestens 18 Monate in der Flasche bleibt und dem Wein die charakteristischen Aromen von Brot und Butterkeksen schenkt. Erst nach dieser Reifung wird er entfernt. Man stellt dazu die Flasche in einem Rüttelpult auf den Kopf und dreht sie nach und nach immer steiler, bis sich der gesamte Satz im Flaschenhals gesammelt hat. Schließlich wird der Hals vereist, die Flasche kurz geöffnet und der Bodensatz kommt als Eispfropfen heraus. Der Verlust wird nun wieder aufgefüllt, die Flasche verkorkt und mit einem Drahtkorb gesichert. Dieses aufwendige und entsprechend teure Verfahren lohnt sich natürlich nur für wirklich hochwertige Schaumweine wie Champagner, Franciacorta und andere.

TANKGÄRUNG Man nennt diese Methode oft auch Charmat-Methode. Dabei findet die zweite Gärung nicht in der Flasche, sondern in einem großen Drucktank aus Stahl statt. Aus ihm wird der fertige Wein direkt in die Flasche gefüllt. Auch bei dieser Methode entsteht im Tank ein Bodensatz aus abgestorbenen Hefen, der Kontakt zwischen ihnen und dem Wein ist allerdings längst nicht so direkt und intensiv wie bei der Flaschengärung. Deren edle Hefearomen fehlen daher weitgehend. Außerdem sind auch die Perlen im fertigen Wein meist weniger fein. Für viele einfachere und günstigere Schaumweine ist die Tankgärung sicher besser geeignet als die aufwendige Flaschengärung.

Ist brut wirklich trockener als sec?

Tatsächlich sind die Bezeichnungen für den Restzuckergehalt auf den Schaumweinflaschen etwas verwirrend, hier die Auflösung:

RESTZUCKER PRO LITER	BEZEICHNUNG
0 bis 6 g/l	Extra-brut, Brut de brut, Brut nature, Extra herb
Weniger als 15 g/l	Brut, Herb
Zwischen 12 und 20 g/l	Très sec, Extra-dry, Extra trocken
Zwischen 17 und 35 g/l	Sec, Dry, Secco, Asciutto, Trocken
Zwischen 35 und 50 g/l	Demi-sec, Medium-dry, Abboccato, Halbtrocken
Über 50 g/l	Doux, Sweet, Dolce, Mild

Demgegenüber gilt ein Stillwein nur bis maximal 9 g/l als trocken und zwischen 18 und 45 g/l als lieblich.

Wie macht man eigentlich Süßwein?

Alle Schleckermäuler dieser Welt stehen seit jeher auf Süßwein. Es verwundert daher nicht, dass süße Weine in praktisch allen Weinregionen auf eine alte und ehrwürdige Tradition zurückblicken können. Mancherorts waren sie nicht mehr als ein kleiner Schatz für Familie und Freunde, anderswo aber schmückten sie die Tafeln der Könige und Zaren.
Man kann alle Süßweine auf zwei Großfamilien zurückführen: Familie eins konzentriert den Zuckergehalt in den Beeren so, dass die Hefen ihn gar nicht vollständig vergären können, der fertige Wein also süß bleibt (Weine aus rosinierten oder edelfaulen Trauben sowie Eiswein). Familie zwei verstärkt den Alkoholgehalt des Mostes vor dem Ende der Gärung durch Zugabe von Alkohol. Die Hefepilze sterben ab und ein Teil des Zuckers bleibt unvergoren (gespritete Weine).

DIE SÜSSWEINTYPEN

WEINE AUS ROSINIERTEN TRAUBEN Der direkteste Weg, um alle Inhaltsstoffe – also auch den Zucker – in den Traubenbeeren zu konzentrieren, ist die Trocknung. Man macht also Rosinen und keltert diese. Diese Methode ist in Italien weit verbreitet: In Apulien und Pantelleria legt man die Trauben direkt an die Sonne, in vielen anderen Gegenden hängt man sie zum Trocknen in Scheunen auf oder legt sie auf Matten (Amarone).
WEINE AUS EDELFAULEN TRAUBEN Der Schimmelpilz Botrytis cinerea befällt bei bestimmten Wetterbedingungen die Traubenbeeren, perforiert deren Haut und entzieht ihnen so einen Teil der Flüssigkeit. Die Beeren sehen dann verschimmelt und ziemlich unansehnlich aus, sind aber zuckersüß. Vor allem in gemäßigtem Klima (Sauternes, Rheingau, Neusiedler See, Tokaj) entstehen die edelsten und haltbarsten Weine der Welt.
EISWEIN Keltert man gefrorene Traubenbeeren, bleibt ein Teil des Wassers als Eis in der Presse zurück, der

So vereist müssen die Trauben bei der Eiswein-Ernte sein.

Most ist süßer und konzentrierter. Die Vorschriften in Deutschland bestimmen, dass die Trauben für Eiswein nur bei einer Temperatur von −7 °C oder darunter gelesen werden dürfen. Außer in Deutschland und Österreich wird eigentlich nur noch in Kanada hervorragender Eiswein produziert.

GESPRITETE WEINE Übersteigt der Alkoholgehalt des Mostes etwa 16 %, stellen die Hefen ihre Aktivität ein, der Gärungsvorgang stoppt. Man kann dem gärenden Wein also reinen Alkohol zufügen und damit die Gärung unterbrechen, bevor der gesamte Zucker im Most zu Alkohol vergoren ist. Der Wein ist dann immer noch süß und alkoholreich. Je früher im Gärungsverlauf das Spriten erfolgt, umso süßer ist schließlich auch der Wein. Berühmte Beispiele sind: Portwein, Sherry, Madeira und Vin Doux Naturel.

Was versteht man eigentlich genau unter Bioweinen?

Für die Begriffe Biowein oder Ökowein gibt es keine offizielle Reglementierung. Fachleute sprechen eher von ökologischem Weinbau und drücken damit aus, dass sich ihr Hauptaugenmerk mehr auf die Arbeit im Weinberg als auf die Technik im Keller richtet. Ihr Ziel ist es, den Rebberg aus einer Monokulturwüste wieder zu einem gesunden Ökosystem verwandeln. Die Mittel sind: Förderung der Bodenfruchtbarkeit mit natürlichen Düngemitteln, Verzicht auf alle synthetisch hergestellten Kunstdünger und auf chemisch-synthetisch produzierte Herbizide und Fungizide. Natürliche Schwefel- und Kupferpräparate sind jedoch erlaubt.

Betriebe, die diese Richtlinien einhalten, können sich nach der EU-Bioverordnung zertifizieren lassen und erhalten eine Kontrollnummer, die sie auf dem Flaschenetikett angeben müssen.

Verschiedene Verbände zertifizieren die Betriebe ebenfalls, ihre Richtlinien sind meist strenger als die EU-Verordnung. Zum Beispiel erfüllen in der Schweiz nach Richtlinien von Bio Suisse oder Demeter hergestellte Weine zusätzliche Auflagen für eine schonende Weinbereitung (Kellerrichtlinien).

Nur wenn Sie das Logo eines der folgenden Verbände auf dem Etikett finden, können Sie sicher sein, einen ökologisch produzierten Wein in der Flasche zu finden:

DEUTSCHLAND Bioland, Demeter, Ecovin, Gäa, Naturland

ÖSTERREICH Bio Austria, Demeter

SCHWEIZ Bio Suisse, Demeter

FRANKREICH Biodyvin, Ecocert, Nature et Progrès

ITALIEN AIAB

SPANIEN CAECYL, CCPAE

Hier sehen Sie die Logos einiger bekannter und zuverlässiger Bioverbände.

Bioland

demeter

ECOVIN

Gäa e.V.
Ökologischer Landbau

Naturland

Bio
AUSTRIA

BIOSUISSE

BIODYVIN

NATURE & PROGRES
Pour notre santé et celle de la Terre

ASSOCIAZIONE ITALIANA
AGRICOLTURA BIOLOGICA

CONSELL CATALÀ DE LA PRODUCCIÓ AGRÀRIA ECOLÒGICA
CCPAE

Darf man dem Traubenmost Zucker zufügen?

Da Alkohol bekanntlich aus Zucker entsteht, liegt es nahe, dass manche Winzer dem Most vor oder während der Gärung etwas Zucker beigeben, um einen schwächlichen Wein aufzubessern. Die Winzer nennen das »die Sonne aus dem Sack«. Da das Aufzuckern jedoch eher negative Assoziationen weckt, heißt der Vorgang heute im Fachjargon Anreichern oder »Chaptalisieren« nach dem französischen Chemiker Jean-Antoine Chaptal (1756–1832).
Die EU erlaubt das Chaptalisieren abgestuft nach Weinbauzonen. Im kühlen Norden ist mehr Zucker erlaubt als im Süden, wo er teilweise verboten ist.

DIE WEINBAUZONEN

Die deutschen Anbaugebiete (außer Baden) liegen zusammen mit Luxemburg und Großbritannien in der kühlsten Weinbauzone A. Hier darf der Wein nur mit so viel Zucker angereichert werden, dass der Alkoholgehalt um 2,4 % ansteigt. Baden liegt, zusammen mit dem Elsass, der Loire und der Champagne, in der Zone B, hier liegt der maximale zusätzliche Alkoholgehalt bei 2,0 %. Heute wird zum Chaptalisieren neben Rohr- und Rübenzucker meist ein Konzentrat aus Traubenmost verwendet, das aus Überschüssen hergestellt wird. Dafür gelten in der EU die gleichen Vorschriften wie beim Zucker. Prädikatsweine dürfen in Deutschland nicht chaptalisiert werden.

Was ist ein Vin nouveau oder ein Vino novello?

»Nouveau« bedeutet neu und meint einen jungen Wein, der schon wenige Wochen nach der Lese und auf jeden Fall noch im Erntejahr auf den Markt gebracht wird. Der Urvater all dieser Weine ist der Beaujolais Nouveau, der jeweils am dritten Donnerstag im November erscheint. Dieses Datum wurde mit viel Werbeaufwand weltweit gepusht, sodass sich das Warten auf den Wein Ende der 1980er-Jahre zu einer Art Massenhysterie auswuchs. Der Wein wurde damals per Flugzeug und sogar per Helikopter bis nach Japan und Australien verfrachtet. 60 Prozent der gesamten Beaujolais-Ernte endete schließlich als Beaujolais Nouveau. Inzwischen hat sich diese Aufregung allerdings gelegt. Nouveau-Weine brauchen eine bestimmte Gärungs- und Stabilisierungstechnik. So entstehen besonders fruchtige, aromatische und milde Weine. Kühl genossen können sie durchaus viel Trinkfreude bereiten, sie müssen aber unbedingt innerhalb eines Jahres getrunken werden. Oft schmeckt Beaujolais Nouveau aber gekocht und bonbonartig.

NEUER WEIN AUS ANDEREN LÄNDERN

Natürlich zog der Erfolg Nachahmer an, die zum Teil noch frühere Erscheinungstermine hinbekamen. Von Frankreich aus schwappte die Mode nach Italien über – wo das Pendant Vino Novello heißt – und schließlich sogar in die Neue Welt. Spätestens damit verloren die europäischen Marketingleute ihren eigentlichen Trumpf, denn die Produzenten auf der Südhalbkugel konnten ihren Wein schon ein halbes Jahr früher auf den Markt bringen.

Was macht man aus dem Trester?

Bei der Weinbereitung fallen Pressrückstände an, Trester genannt. Der Trester besteht aus einem Brei von Schalen, Fruchtfleisch, Kernen und – da er bei der Herstellung von Qualitätsweinen nicht bis zum letzten Tropfen ausgepresst wird – aus relativ viel Flüssigkeit. Dieses »Abfallprodukt« ist ein attraktiver Rohstoff für die Weiterverarbeitung, vor allem für die Destillation zu Tresterschnaps. Nun ist Trester aber nicht gleich Trester. Beim Weißwein enthält er noch keinen Alkohol, da die Pressung vor der Gärung stattfindet, dafür aber reinen Traubensaft mit einem hohen Zuckeranteil. Dieser muss vor dem Brennen noch vergoren werden.
Der Rotweintrester wird dagegen erst nach der Gärung abgepresst, er enthält keinen Zucker mehr, sondern bereits Alkohol. Er kann direkt destilliert werden. Zwischen den beiden Extremen – unvergorenem und ganz durchgegorenem Trester – gibt es alle Zwischenstufen, die unterschiedlich behandelt werden müssen. Die Kunst des Brenners besteht darin, aus jedem seinen individuellen Duft herauszudestillieren. Dabei können sowohl grobe Bauernschnäpse entstehen wie auch teure Edelbranntweine. 100 Kilogramm Trester ergeben um die 2–4 Liter Brannt. In Italien heißen Tresterschnäpse Grappa, in Frankreich Marc.

ÖL FÜR FEINSCHMECKER

Aus den im Trester enthaltenen Kernen kann außerdem ein hochwertiges und wohlschmeckendes Traubenkernöl gewonnen werden. Es schimmert hellgrün und schmeckt leicht nussig. Man verwendet es vor allem zum Würzen von Salaten und Saucen und als Ausgangsprodukt für die Herstellung verschiedener Kosmetika. 100 Kilogramm Trester ergeben etwa 2 Liter Öl.

Der Traubentrester ist ein wertvolles Rohmaterial für Grappa, Branntwein und Co.

REBSORTEN

Die Evolution hat die Weinrebe vor 150 bis 200 Millionen Jahren als Liane erschaffen. In ihrer Wildform liebt sie die Wälder im gemäßigten Klima und kann bis zu 35 Meter lang werden. In freier Wildbahn ist sie heute allerdings selten geworden, um so erfolgreicher war ihre Karriere als Kulturpflanze.

Wie viele Rebsorten gibt es eigentlich?

Genau weiß das niemand. Vor etwa 8.000 Jahren wurde die Rebe domestiziert. Seither entwickelte sie durch natürliche Mutationen wie durch menschlichen Einfluss (Selektion, Kreuzung) ganze Stammbäume neuer Sorten und Untersorten mit zum Teil höchst verwickelten Verwandtschaftsverhältnissen. Man schätzt, dass heute weltweit etwa 5.000 verschiedene Rebsorten angepflanzt werden. Und wer weiß, wie viele wir noch gar nicht kennen, die irgendwo in einem Walliser Tal, in Portugal oder Ungarn unentdeckt in einem Dornröschenschlaf schlummern. Insgesamt dürften es wohl weit mehr als 10.000 Sorten sein.

Wirkliche Bedeutung für den Weinbau haben allerdings nur einige Hunderte. Und von denen hat sich wiederum nur eine Handvoll international durchgesetzt.

ZÜCHTUNG An verschiedenen Forschungsanstalten wird weltweit an der Züchtung immer neuer Rebsorten gearbeitet. Im Wesentlichen geht es dabei um die Optimierung erwünschter Eigenschaften wie früher oder später Austrieb, Reifezeitpunkt, Krankheits- (vor allem Pilz-)Resistenz und Ertragskraft. Natürlich spielen auch Qualitäts- und Geschmacksfragen eine große Rolle. Die erfolgreichsten Neuzüchtungen der letzten Jahre sind bei uns Scheurebe (Silvaner x Riesling), Kerner (Trollinger x Riesling) und Müller-Thurgau (Riesling x Madeleine royale).

KLONE Von jeder Rebsorte existieren wiederum viele verschiedene Klone. Das sind Untervarietäten der gleichen Sorte. Früher hat der Winzer jeweils Stecklinge der kräftigsten oder ertragreichsten Stöcke zur Vermehrung verwendet und damit eine natürliche Klonselektion betrieben, heute werden zu diesem Zweck oft jahrelange Feldversuche unternommen.

Welche sind die wichtigsten internationalen Weißweintrauben?

CHARDONNAY Chardonnay ist, was man aus ihm macht. Im Norden Frankreichs, im Chablis, erbringt er helle Weine mit grünlichem Schimmer, einem apfelfrischen, mineralischen Duft, lebhafter Säure und einem schlanken festen Körper. Im warmen Klima Australiens hingegen findet man üppige goldene Tropfen mit dem Duft tropischer Früchte wie Ananas, Mango und Melonen. Chardonnay eignet sich auch zum Ausbau im kleinen Holzfass. Der große Chardonnay-Tsunami, der Ende des letzten Jahrhunderts die Erde umkreist hat, flaut allerdings deutlich ab.
RIESLING Er ist das Geschenk Deutschlands an die Weinwelt. Riesling ist ein Kind des Nordens, kühl, frisch und klar. Seine manchmal fast schneidende Säure verbindet sich mit einem wunderbaren, intensiven Duft, in dem sich Noten von Äpfeln, Pfirsichen, Lindenblüten und Honig mischen. An Rhein und Mosel wie auch im Elsass erbringt er seine bewunderungswürdigsten Weine, die entgegen jeder Mode eher schlank und alkoholarm sind.
SAUVIGNON BLANC Ihn erkennt man leicht: Sein Duft ist fast explosiv und erinnert stark an grüne, gemüsig-vegetabile Noten: frisches Gras, Stachelbeeren und Brennnesseln. Er stammt vom eher gemäßigten Klima an der Loire, und genau darin liegt das Geheimnis seiner Frische. Im zu warmen Klima wird er nämlich flau und im zu kühlen scharf. Eine großartige neue Heimat hat er in Marlborough (Neuseeland) gefunden.

Die Beeren des Chardonnay werden in der Reife golden.

Welche sind die wichtigsten internationalen Rotweintrauben?

CABERNET SAUVIGNON Er besitzt kleine Beeren mit dicker Schale, die vor Farbe und Tannin strotzen. Da er spät reift, liebt er ein warmes Klima. Die gehaltvollsten und langlebigsten Rotweine der Welt werden aus ihm gekeltert. Sein Duft erinnert an schwarze Johannisbeeren und Zedernholz. Oft wird Cabernet Sauvignon mit dem fleischigen Merlot verschnitten. In den großen Weinen des Médoc spielt er die Hauptrolle, im übrigen Bordelais zumindest eine wichtige Nebenrolle.
MERLOT Seine Beeren sind größer und fleischiger als die des Cabernet Sauvignon. Er reift früher und zuverlässiger und kann daher auch in etwas kühleren Gegenden und Jahren gute Resultate erbringen. Sein Charakter ist vollmundig, frucht-»süß« und schmeichlerisch. Im Verschnitt ergänzt er mit seiner weichen Samtigkeit den strengeren Cabernet Sauvignon ideal. Sein Stammgebiet ist das rechte Ufer im Bordelais.
PINOT NOIR Dünne und helle Beerenhäute schenken seinen Weinen weder eine tiefe Farbe noch ein kräftiges Tannin. Dafür entschädigt er mit sinnlicher Eleganz wie keine andere Rotweinrebe. Pinot noir verströmt verführerische Aromen von Beeren, Kirschen und Wald. Er liebt das kühle Klima Burgunds, wo er zu seinem größten Ausdruck findet. In Deutschland heißt er Spät-, in der Schweiz Blauburgunder.
SYRAH/SHIRAZ Sie stammt vom oberen Rhônetal, ihre Weine sind warm, voll und dicht. Man erkennt sie leicht an einer charakteristischen Note von schwarzem Pfeffer und Rauch. Dazu mischen sich die schweren Aromen von Backpflaumen und dunkler Schokolade. In Australien hat sie eine neue Heimat gefunden und heißt dort Shiraz.

Die Trauben des Pinot noir sind eher klein und kompakt.

Welche sind die wichtigsten Rebsorten Deutschlands?

In den Rebbergen Deutschlands spielen Riesling und Spätburgunder (Pinot noir) unbestritten die erste Geige, daneben musiziert aber noch ein komplettes Orchester auf höchstem Niveau mit:

WEISS- UND GRAUBURGUNDER Beide Rebsorten stammen aus der edlen Burgunderfamilie. Diese vornehme Abkunft merkt man ihnen auch an: Bei konsequenter Mengenbegrenzung im Weinberg und einer großen Portion Fingerspitzengefühl des Kellermeisters bringen sie in Baden und der Pfalz ganz erstaunliche Weine hervor. Beim Weißburgunder reicht das Spektrum vom einfachen Alltagswein bis zu frischen, charaktervollen und körperreichen Weinen für gehobene Ansprüche. Die Grauburgunder-Rebe hat eine Traube mit dunkel kupferfarbenen Beeren, entsprechend ist auch ihr Wein von einem tief leuchtenden Gold, gehaltvoll, sanft und körperreich.

SILVANER/SYLVANER Die Rebsorte stammt ursprünglich aus Österreich, wo sie heute fast ausgestorben ist. Trotz dieses Migrationshintergrunds fühlt sich der Silvaner am Main seit dem 17. Jahrhundert heimisch und wohl. Und nur hier in Franken bringt er auch wirkliche Spitzenweine hervor. Sie sind traditionell trocken, manchmal sogar knochentrocken, dabei aber fein, konzentriert und spritzig. Oft zeichnet sic eine leicht erdige, mineralische Note aus.

In der Schweiz heißt der Silvaner Johannisberg, weil die ersten Stecklinge dieser Rebe aus dem Rheingau ins Wallis kamen.

SCHEUREBE Diese Rebsorte wurde an der deutschen Forschungsanstalt in Geisenheim 1915 von Dr. Georg Scheu gezüchtet und entwickelte sich zur erfolgreichsten deutschen Neuzüchtung der jüngsten Zeit. Georg Scheu wollte einen verbesserten Silvaner kreieren und kreuzte dazu Riesling als Mutter mit Silvaner als Vater.

Neueste DNA-Analysen haben die Mutter zwar bestätigt, die Identität des Vaters konnte aber noch nicht gelüftet werden. Silvaner heißt er jedenfalls nicht. Vor allem in der Pfalz werden aus der Scheurebe straffe und trotzdem runde Weine gekeltert, die eine nervige Säure mit schönen Fruchtaromen verbinden. Besonders in den Qualitäten Spätlese, Auslese und höher können aus ihr große alterungsfähige Weine entstehen.
LEMBERGER Die eigentliche Heimat des Lembergers ist Österreich, wo er Blaufränkisch heißt, sowie Ungarn, wo man ihn Kekfrankos nennt. Trotzdem gehört ihm in Deutschland direkt nach dem Spätburgunder die Silbermedaille bei den Rotweinen. Allerdings verlässt er sein Stammland Württemberg kaum und erbringt auch hier nur reinsortig gekeltert oder im Verschnitt mit Spätburgunder große Weine.

An Mosel, Saar und Rhein reifen die größten Rieslinge der Welt – hier an der Saarschleife bei Kanzem.

Welche sind die wichtigsten Rebsorten Österreichs?

Neben den Sorten Riesling, Chardonnay (der hier Morillon heißt) und Spätburgunder wachsen in den Rebgärten Österreichs viele einheimische Reben.

GRÜNER VELTLINER Er ist der Star Österreichs, denn er bedeckt mit 17.000 Hektar rund ein Drittel der Rebfläche des Landes. Nur in den grenznahen Gebieten hat er sich ein wenig in die Nachbarländer nach Tschechien, Ungarn und nach der Slowakei ausgebreitet, sonst aber ist er der typische Österreicher schlechthin. Die Bandbreite seiner Weine ist groß. Sie beginnt bei leichten spritzigen Trink- und Schankweinen und reicht bis zu gehaltvollen, substanzreichen Weinen mit großem Alterungspotenzial. Das »Pfefferl«, eine charakteristische Würznote, ist aber allen gemeinsam und ein sicheres Erkennungszeichen. Das Aromenspektrum reicht von grünen Noten wie Dill und Gurken bis hin zu exotischen Früchten und manchmal auch Honig.

ZWEIGELT Obwohl erst 1922 von Dr. Fritz Zweigelt in Klosterneuburg gezüchtet, beherrscht der Zweigelt heute flächenmäßig die Rotweinszene Österreichs. Seine Eltern sind Blaufränkisch und St. Laurent. Er wächst unkompliziert und ertragreich. Wenn der Winzer ihn machen lässt, »belohnt« er ihn mit einfachen, aber charmanten Alltagsweinen. Wenn er ihn aber zähmt, kann der Zweigelt sein wahres Potenzial entwickeln. Das Resultat sind stoffige, kraftvolle Weine mit schöner Sauerkirsch- und Beerenfrucht, die auch im Barrique gelagert werden können.

BLAUFRÄNKISCH Seine Heimat ist das alte Kernland der Habsburger Monarchie. Sein österreichischer Schwerpunkt liegt in Mittelburgenland, das deshalb oft und zurecht auch Blaufränkisch-Land genannt wird. Schöne Weine stammen aber auch aus Carnuntum und dem Südburgenland. Bei rigoroser Ertragsbeschränkung begeistert er mit tiefen, würzigen Fruchtaromen von roten Kirschen und Johannisbeeren. Eine lebendige Säure und ein markantes Tannin geben den Weinen Struktur und Alterungspotenzial.

ST. LAURENT Obwohl von der Rebfläche her deutlich hinter Zweigelt und Blaufränkisch angesiedelt, spielt der St. Laurent hinsichtlich der Qualität in der gleichen Liga. Sein Schwerpunkt liegt in der Thermenregion und im Südburgenland. Diese Rebsorte ist eher sparsam im Ertrag und schwierig zu kultivieren. Sie war daher nicht unbedingt ein Erfolgsgarant für die Winzer. St. Laurent-Weine sind am ehesten mit dem Pinot noir zu vergleichen, zu dessen Familie er wahrscheinlich auch gehört. Sie sind jung köstlich und erinnern an dunkle Beeren, Sauerkirschen und Pflaumen. Mit der Reife entwickeln sich typische Pinot-Aromen – Himbeeren und Erdbeeren – sowie eine feine Süße.

In Rust am Neusiedlersee wachsen großartige Süßweine aus edelfaulen Trauben.

Welche sind die wichtigsten Rebsorten der Schweiz?

Neben dem »internationalen« Pinot noir und dem »deutschen« Silvaner/Johannisberg garantieren vor allem einheimische Rebsorten für die hohe Qualität des Schweizer Weins.

CHASSELAS Vielleicht, so jedenfalls legen es neueste DNA-Forschungen nahe, stand die Wiege des Chasselas genau dort, wo er auch heute noch die Weinberge dominiert, an den Ufern des Genfer Sees. Sein Verbreitungsgebiet umfasst die gesamte französischsprachige Schweiz, vom Bieler See bis ins Wallis, wo er auf den Namen Fendant hört. Sein Sortencharakter ist zwar eher neutral, er versteht es aber meisterhaft, das Terroir zum Sprechen zu bringen: Am Bieler See ist er leicht, frisch und fruchtig, im Lavaux, am Genfersee, mineralisch und körperreich, und im Wallis schließlich mächtig und kraftvoll. Im badischen Markgräflerland heißt die Sorte Gutedel.

PETITE ARVINE Ich stehe nicht allein mit meiner Bewunderung für diese autochthone Rebsorte. Sie bedeckt zwar auf den sonnendurchglühten Steilhängen des unteren Wallis gerade mal 140 Hektar, erbringt hier aber Weine von so eindrucksvoller Persönlichkeit, dass sie jedem internationalen Vergleich glanzvoll standhalten kann. Die Weine duften intensiv und kraftvoll nach Grapefruit, Glyzinien, Rhabarber und Honig. Typisch ist ihre leichte Salznote im Abgang. Als edelsüße Spätlese gehört sie zu den besten Süßweinen der Schweiz.

AMIGNE Vielleicht haben schon die Römer diese uralte Rebe ins Wallis gebracht. Aus ihren zuckerreichen Trauben keltert man auch hervorragende Süßweine mit feinen Mandarinen-Aromen.

CORNALIN Die Heimat des Cornalin liegt an der Passstraße zum Großen St. Bernhard. Wir treffen ihn daher sowohl im Aostatal wie im Wallis an. Da er schwierig zu kultivieren ist, war er vom Aussterben bedroht, erlebt aber gegenwärtig eine neue Blüte. Und das zu Recht: Seine Weine sind einmalig und unverwechselbar, die Aromen fruchtig, wild und komplex, der Körper wuchtig. Die gesamte Ausstrahlung des Cornalin bringt etwas von der Unabhängigkeit seines berglerischen Adels zum Ausdruck.

HUMAGNE ROUGE Der Humagne Rouge kam von Süden aus dem Aostatal ins Wallis und gehört heute zu den viel gefeierten sogenannten Spezialitäten dieser Region. Im Aostatal nennt man den Humagne Rouge zur Verwirrung der Weinliebhaber Cornalin. Sein Duft erinnert an Waldbeeren, Johannisbeeren, Veilchen und Kirschen, nach zwei, drei Jahren Lagerung auch an Wild und herbstliches Unterholz. Dann ist er der ideale Begleiter zu Wildgerichten.

Rebberge bei Saint Saphorin: Hier am Genfersee stand vielleicht die Wiege des Chasselas.

Was sind autochthone Rebsorten?

Das Fremdwort autochthon stammt aus dem Altgriechischen. Seine beiden Bestandteile (autos für »selbst« und chthon für »Erde«) beschreiben recht gut, worum es im Zusammenhang mit Reben geht: einheimisch, alteingesessen oder eingeboren. Gemeint sind also Reben, die an einem bestimmten Ort entstanden sind, kultiviert wurden und sich so über Jahrhunderte, vielleicht sogar Jahrtausende an diesen Ursprungsort angepasst haben. Die aus ihnen gekelterten Weine gelten als besonders gebietstypisch.
Das Interesse an diesen autochthonen Reben und den Weinen daraus ist in den letzten Jahren stark gestiegen. Man kann darin durchaus eine gesunde Reaktion auf die globale Ausbreitung der internationalen Rebsorten wie Chardonnay, Cabernet Sauvignon und anderen sehen.
Oft haben autochthone Rebsorten eine sehr wechselhafte Biographie hinter sich. Viele konnten nur mit viel Glück überleben und wurden erst in jüngster Zeit vor dem gänzlichen Verschwinden bewahrt.

EINIGE BEISPIELE

In Deutschland ist der an der Mosel seit der Römerzeit kultivierte Elbling die vielleicht ehrwürdigste autochthone Rebsorte. Leider geht seine Anbaufläche langsam zurück. Der Grüne Veltliner ist trotz seiner großen Verbreitung eine autochthone Rebsorte Österreichs, die hier ihren Ursprung hat und in den hier gekelterten Weinen ihren stärksten Ausdruck findet. Das Wallis in der Schweiz ist ein großes abgeschlossenes Tal mit einer ganzen Schatztruhe an autochthonen Rebsorten. Die wichtigsten sind Humagne Rouge, Petite Arvine und Amigne. In Südtirol gehört der Lagrein dunkel und im Trentino der Teroldego zur einheimischen Familie.

Warum werden die Reben gepfropft?

Seit den 1860er-Jahren verwüstet eine aus Amerika eingeschleppte Wurzellaus die Weinberge Europas. 1863 wurde sie in Frankreich erstmals festgestellt, erreichte 1872 Österreich und schon 1874 Deutschland und die Schweiz. Mit Ausnahme sehr abgelegener Gebiete (z. B. Chile und Argentinien) hat sie sich über die ganze Welt verbreitet. Nachdem sich sowohl Versuche mit chemischen Mitteln wie auch die Überflutung der Weinberge als untauglich erwiesen, fand man schließlich eine wirksame Methode: die Pfropfung.

HILFE AUS DEN USA

Man entdeckte, dass es amerikanische Reben gibt, die gegen die an der Wurzel lebende Reblaus resistent sind. Die Wurzelstöcke dieser Reben verwendet man nun als Unterlagsreben und pfropft darauf die Edelreiser der europäischen Rebsorten. So kann dieses kleine Insekt, das zu Recht den lateinischen Namen vastatrix (die Verwüsterin) trägt, keinen Schaden mehr anrichten. Gegen Ende des 19. Jahrhunderts hat sich das Pfropfen langsam weltweit durchgesetzt. Und der Weinbau war vor seinem Untergang gerettet.

Ist Maschinenlese wirklich so schlimm?

Bis in die 1960er-Jahre hinein führte die Weinlese ganze Heerscharen von (fröhlichen) Saisonarbeitern in die Weinberge, die innerhalb von wenigen Tagen die Ernte einbrachten. Die damit verbundenen Kosten und vertraglichen Schwierigkeiten beförderten die Entwicklung von Erntemaschinen, die durch Klopfen und Rütteln die Beeren oder auch ganze Trauben vom Stock schütteln.

VOR- UND NACHTEILE

Die Maschinenernte bietet einige entscheidende Vorteile: Im Vordergrund steht natürlich die Kostenersparnis, aber auch Qualitätsüberlegungen sprechen für die Maschinenernte: Die Menge, die die fröhlichen Arbeiter früher in ein paar Tagen geerntet haben, schafft die Maschine in einigen Stunden. Der Winzer kann die Trauben somit zum optimalen Reifezeitpunkt sehr schnell einbringen.
Demgegenüber birgt die Maschinenernte natürlich auch verschiedene Nachteile: Der Mensch trifft schon im Weinberg eine Auslese, die Maschine erntet dagegen unterschiedslos alle Trauben. Ferner werden die Beeren durch das Rütteln oft verletzt, was einen erhöhten Einsatz von Schwefeldioxid auf dem Weg zur Kellerei erfordert, um einen unkontrollierten Beginn der Gärung zu verhindern. Trotzdem kann der Most der gequetschten Beeren dabei bereits unerwünschte Inhaltsstoffe aus den Hülsen lösen und die Feinheit besonders der Weißweine empfindlich beeinträchtigen.
Aus diesen Gründen ist der Einsatz von Erntemaschinen bei höherwertigen Weinen nicht die erste Wahl und bei einigen Vereinigungen nicht gestattet.

In den flachen Weinbergen Neuseelands, wie hier in Marlborough, werden Vollerntemaschinen oft eingesetzt.

Warum werden Weine verschnitten?

Bei vielen leuchtet beim Wort »Verschnittwein« eine Alarmlampe auf. Doch es gilt zu unterscheiden:

PANSCHEN Wer von uns erinnert sich nicht an Horrormeldungen über Panschereien in hochpreisigen Regionen: Bordeaux, Brunello, Barolo. Alle diese Weine wurden irgendwann einmal mit irgendeinem Billigwein »verschnitten«, und jede Weinregion hatte ihr schwarzes Schaf und damit ihren Skandal zu verdauen. Seit der Einführung und Durchsetzung der Appellationssysteme in den wichtigsten Weinländern sind jedoch klare Regelungen vorhanden, die das Erlaubte vom Verbotenen trennen. Panscherei und Skandale wird es trotzdem weiterhin geben. Auch Winzer sind nur Menschen.

VERSCHNEIDEN GLEICHER REBSORTEN In ein ganz anderes Kapitel führen uns die Verschnitte, die gemacht werden, um den Wein zu verbessern. Die einfachste Form geht so: Der Kellermeister verschneidet Weine aus demselben Traubengut, die allerdings verschieden ausgebaut wurden. Indem er etwa Weinpartien mit unterschiedlichem Holzausbau oder solche mit und ohne malolaktische Gärung kombiniert, versucht er, ein Gleichgewicht in seinem Wein zu erreichen.

VERSCHNEIDEN VERSCHIEDENER REBSORTEN Viele große Weine der Welt sind aber Verschnitte aus verschiedenen Traubensorten: Bordeaux, Champagner, Valpolicella, Chianti, Châteauneuf-du-Pape. Im Idealfall kreiert der Kellermeister durch die Kombination zweier oder mehrerer Partner einen Wein, der komplexer und besser ist als seine einzelnen Bestandteile. Dabei werden Körper, Fruchtigkeit, Tannin und Alkoholgehalt der Partner in ein Gleichgewicht gebracht. Um das Wort Verschnitt zu vermeiden, spricht man hierbei oft von Cuvée, der Vorgang des Verschneidens heißt Assemblage.

Die einzelnen Rebsorten eignen sich sehr unterschiedlich für Verschnitte, so werden Riesling und Pinot noir nur sehr selten verschnitten, Cabernet Sauvignon und Merlot bilden dagegen weltweit ein ideales Paar.

Welche sind die wichtigen Verschnittweine?

FRANKREICH

Roter Bordeaux: Cabernet Sauvignon, Merlot, Cabernet Franc, Malbec, Petit Verdot
Weißer Bordeaux (Entre-Deux-Mers): Sauvignon blanc, Sémillon, Muscadelle
Sauternes: Sauvignon blanc, Sémillon, Muscadelle
Châteauneuf-du-Pape: Insgesamt sind 13 Rebsorten zugelassen (u. a. Grenache noir, Cinsaut, Syrah).
Côtes du Rhône: Grenache noir, Syrah, Mourvèdre
Champagner: Pinot noir, Pinot Meunier, Chardonnay

ITALIEN

Chianti classico: Sangiovese, Canaiolo, Mammolo, Cabernet Sauvignon
Valpolicella, Amarone: Corvina, Rondinella, Molinara

DEUTSCHLAND

Die große Mehrzahl der Weine in Deutschland wird aus nur einer Rebsorte gekeltert.

SCHWEIZ

Dôle: Pinot noir, Gamay

ÖSTERREICH

Burgenland: In Süd- und Mittelburgenland wird oft mit Verschnitten aus Blaufränkisch, Zweigelt und anderen roten Rebsorten experimentiert.

SPANIEN

Cava: Xarel-lo, Parellada, Macabeo, Chardonnay
Rioja: Tempranillo, Garnacha

PORTUGAL

Madeira: Sercial, Verdelho, Bual, Malmsey, Terrantez
Portwein: Insgesamt sind 48 Rebsorten zugelassen.

BODEN, KLIMA UND WINZER

Schier endlos sind die Diskussionen über das Wetter und den Jahrgang, über das Klima und seine Veränderung, über die besten Winzer einer Region, über die Lagen und ihre Unterschiede. Und alle beteiligen sich gerne daran: Die Medien sowieso, die Winzer, die Händler und selbstverständlich auch alle Weinliebhaber.

Alle sprechen von Terroir, was ist das?

Wörtlich übersetzt bedeutet das französische Wort Terroir eigentlich nur »Boden« im Sinne von »Grund und Boden«. Wenn der Franzose aber sagt, etwas strahle einen »goût de terroir« aus, dann meint er, man spüre dessen Herkunft durch alle individuellen Eigenschaften hindurch. Und genau in diesem Sinn wird der Begriff auch in der Weinsprache verwendet. Wenn ein Wein ganz unabhängig vom Jahrgang (mit seinem wechselnden Wetter) und vom Winzer (mit seinem individuellen Stil) unverkennbar den Stempel seiner Herkunft trägt, sagt man: Das ist ein Terroir-Wein. Bis hierher sind sich alle Experten einig, schwieriger wird es aber, wenn man versucht herauszufinden und zu definieren, welche Faktoren diesen Stempel prägen. Der Besitzer eines der berühmtesten Châteaus in Bordeaux bringt es so auf den Punkt: »Terroir ist das Zusammenwirken einer unendlichen Anzahl von Faktoren.« Und damit sind wir so klug als wie zuvor.

WICHTIGE FAKTOREN

In der Regel führen Fachleute den Terroir-Charakter eines Weins auf diese vier Faktoren zurück: Boden, Lage, Klima und die Tradition, die der Mensch beiträgt. Erst wenn diese Elemente so zusammenwirken, dass daraus ein einmaliger und auf der ganzen Welt nicht wiederholbarer Charakter entsteht, sprechen wir von Terroir-Weinen. Es gehört nun zum Job eines guten Winzers, diesen »goût de terroir« in seinem Wein möglichst klar zum Ausdruck zu bringen. Dabei muss er sich selbst keineswegs verleugnen, denn jeder Winzer interpretiert das Terroir auf seine Weise.

Welchen Einfluss haben Boden und Lage auf einen Wein?

DER BODEN Die Zisterziensermönche im Burgund verehrten den Boden ihrer Weinberge mit geradezu mystischer Hingabe. Sie versuchten ihn so tief zu erforschen, dass sie sogar Proben davon aßen. Heute wissen wir: Die chemische Zusammensetzung des Bodens ist wichtig, denn seine Bestandteile versorgen die Rebe mit den notwendigen Nährstoffen. Mindestens ebenso wichtig ist es allerdings, dass er den Weinstock optimal mit Wasser versorgt. Der Boden muss so durchlässig sein, dass die Rebwurzeln nie in Staunässe stehen, aber doch gerade so viel Speicherfähigkeit besitzen, dass sie immer knapp gut damit versorgt sind. Dieses heikle Gleichgewicht wird beispielsweise in den tiefgründigen Kiesböden des Médoc, an den sanften Hängen der Côte d'Or im Burgund und an den Steillagen der Mosel unter völlig verschiedenen Voraussetzungen erreicht.

DIE LAGE Die Rebe ist eine Kletterpflanze, die ursprünglich aus dem Dunkel des Waldes hinauf ans Licht strebte. Licht ist ihr Leben und das nicht nur in der Reifezeit der Trauben, sondern das ganze Jahr hindurch, selbst im Winter. Südöstlich bis südlich ausgerichtete Hänge sind optimal.

DIE LAUBARBEIT Ein Weinstock verwildert leicht, seine Ranken wachsen in einem Sommer mehrere Meter in alle Richtungen. Reifen die Trauben im Dunkel dieses Blätterdickichts, geht es ihnen nicht besser als ihren Kolleginnen an einem Schattenhang. Der Winzer muss daher mit dem Rebschnitt und einer minutiösen Laubarbeit dafür sorgen, dass die Trauben zwar in der Sonne reifen können, die Rebe aber trotzdem genügend Blattwerk besitzt, um die Energie der Sonne aufzufangen und für die Fotosynthese zu nutzen.

Die tiefgründigen Kiesböden des Médoc sorgen für eine optimale Wasserversorgung der Rebe.

Wie beeinflussen Klima und Wetter den Wein?

DAS KLIMA Die Wildform der Rebe ist eine Pflanze des gemäßigten Klimas. Die Wälder Europas und Asiens waren ihr Zuhause. Inzwischen sind Reben weltweit verbreitet und suchen sich doch überall genau das Klima ihrer Herkunft. Wird es zu heiß, so trocknen ihre Blätter und Früchte aus. Ist es zu kühl, bringen sie ihre Trauben nicht zur Reife. Die wichtigsten Weinbaugebiete liegen daher auf einem Gürtel rund um den Erdball zwischen dem 32. und 51. Grad auf der nördlichen und zwischen dem 28. und 42. Grad auf der südlichen Halbkugel.
Je nachdem, ob man sich eher am pol- oder äquatornahen Rand dieses Gürtels bewegt, findet man andere Rebsorten und sehr verschiedene Weinstile. Chardonnay passt sich an fast jede Gegend an und erbringt im Norden Frankreichs frische, mineralische und schlanke Weine hervor, in der Wärme Australiens dagegen üppige, fast fett wirkende Weine mit Noten von Melonen, Feigen und Honig. Das genaue Gegenteil sind beispielsweise Pinot noir und Riesling. Der heikle Spätburgunder (Pinot noir) schafft es nur unter ganz bestimmten klimatischen Bedingungen, wirklich große Weine hervorzubringen. Andernfalls wird er nichtssagend, dünn und grasig. Der Riesling wiederum kann nur im kühlen Klima am Rhein und in den Tälern der Mosel seine ganze Aromafülle entwickeln. In warmen Gegenden wird er dagegen flach und füllig.
DAS WETTER Das Klima einer Region ist über die Jahre hinweg mehr oder weniger konstant und berechenbar. Das Wetter hingegen bleibt immer unwägbar und launisch. Es gehört damit im strengen Sinn nicht zum Terroir. Denn seine entscheidenden Faktoren – Wärme und Niederschlag – bestimmen über die Qualität und den Ausdruck eines einzelnen Jahrgangs und nicht über den Charakter des Terroirs.

Welche Rolle spielt die Tradition und welche die Kunst des Winzers?

DIE TRADITION In vielen Gegenden Europas wird die Rebe seit Jahrhunderten oder gar Jahrtausenden angebaut. Der Vater hat das Handwerk von seinem Vater gelernt und gibt es an seinen Sohn weiter. Man kennt die Weinberge und die Kellergebräuche und ändert wenig. Auf diese Weise haben sich Weinstile herausgebildet, die an die regionalen Gegebenheiten angepasst waren und oft auch eifersüchtig gegen die Nachbardörfer verteidigt und mit lokalem Stolz gepflegt wurden. Diese Traditionen werden von vielen Weinliebhabern auch zum Terroir gezählt, weil sie – unabhängig vom Stil des einzelnen Winzers – zu dem gehören, was das Charakteristische und Unverwechselbare einer Region ausmacht.

DER WINZER Er sorgt dafür, dass aus dem Potenzial des Terroirs, das ihm die Natur und die Tradition anbieten, ein guter, vielleicht sogar ein großer Wein entsteht. Das Terroir schenkt ihm den Charakter des Weins, für die Qualität aber ist er selbst verantwortlich. Dafür braucht er Hingabe, ein solides Handwerk und eine Portion Kunst. Seine wichtigste Entscheidung heißt: Masse oder Klasse. Und das beginnt im Weinberg beim Rebschnitt, geht weiter zur Mengenreduzierung der Trauben und endet bei der sorgfältigen Arbeit im Keller. Daraus entsteht dann seine individuelle Interpretation des Terroirs.

VERMISCHTES

Der Wein ist tief mit unserer europäischen Kultur verflochten. Seinen Spuren kann man in der Geschichte, der Religion und im individuellen Leben des einzelnen Weinfreunds nachgehen und findet kaum ein Ende.

Wer hat den Wein eigentlich erfunden?

Die Bibel berichtet, dass Noah, nachdem er mit seiner Arche glücklich die Sintflut überstanden hatte, am Berg Ararat als erste Tat einen Weinberg pflanzte und sich auch gleich gründlich betrank. Und tatsächlich haben die Archäologen genau dort, in den Vorgebirgen des Kaukasus, die bisher ältesten Hinweise auf den Weinbau gefunden (Traubenkerne und Weinablagerungen in Tonkrügen). Die Form der Traubenkerne deutet darauf hin, dass es sich höchstwahrscheinlich bereits um kultivierte und nicht mehr nur um wild gewachsene Trauben gehandelt hat.
Die Altersbestimmung nach der Kohlenwasserstoff-Methode datiert den Fund auf etwa 5.000 vor Christus. Man kann daher annehmen, dass der Beginn der bewussten Kultivierung der Rebe etwa um 6.000 vor Christus anzusetzen ist, also vor rund 8.000 Jahren. Damals befanden sich die Menschen noch in der Steinzeit und hatten eben erst die Kunst der Herstellung von Tonkrügen entwickelt.

Warum trank man im Mittelalter so viel mehr Wein als heute?

Die Wissenschaft hat errechnet, dass der Weinkonsum in den spätmittelalterlichen Großstädten Deutschlands bei durchschnittlich 1,3 Liter pro Tag und Kopf lag, das sind 474,5 Liter pro Jahr. Dazu kamen erhebliche Mengen Bier. Und bei Festen konnten es auch mal 3 bis sogar 6 Liter Wein pro Kopf und Tag werden.
Zum Vergleich: Im Jahr 2010 lag der Weinkonsum pro Einwohner in der Schweiz bei 36,2, in Österreich bei 30,2 und in Deutschland bei gerade mal 24,1 Litern. Südlich der Alpen sah es etwas besser aus: Italien bringt es auf 50 und der Vatikan führt mit stolzen 66,6 Litern die Rangliste ungefährdet an. Man trank im spätmittelalterlichen Deutschland also fast 20-mal mehr Wein als heute. Warum? Waren damals alle Menschen Säufer? Für eine faire Antwort muss man sich vorstellen: Kanalisationen gab es damals nicht oder kaum, sauberes Trinkwasser war daher in der Regel nicht vorhanden. Wollte man sich also keine Krankheiten holen, blieben als sichere Getränke nur Wein und Bier. Das damals noch ungehopfte Bier war aber leicht verderblich und taugte nicht zur längeren Lagerung. So blieb nur der Wein. Er gehörte daher zu den Grundnahrungsmitteln und nahm bei den Haushaltsausgaben meist die oberste Stelle ein. Erst im Verlauf des 17. Jahrhunderts änderte sich diese Situation mit den neuen Getränken aus den Kolonien: Schokolade, Kaffee und Tee. Gleichzeitig wurden auch die hygienischen Verhältnisse in den Städten verbessert. Erst durch diese Entwicklungen konnte sich der Wein langsam vom reinen Nahrungsmittel zum Genussmittel wandeln. Der moderne Wein entstand und der Verbrauch pro Kopf ging rasch zurück.

Italienische Buchmalerei aus dem 14. Jahrhundert: Der Kellermeister sorgt für Nachschub.

Messwein – was trinkt der Pfarrer in der Kirche?

Beim letzten Abendmahl hat Jesus Brot und Wein als Vermächtnis und Zeichen seiner Gegenwart unter den Jüngern eingesetzt. Seither spielen sie in der katholischen und in der protestantischen Kirche eine Rolle.

DIE KATHOLISCHE KIRCHE Da die katholische Kirche an eine reale Wandlung von Brot und Wein in den Leib und das Blut Christi glaubt, werden an die Reinheit und Unverfälschtheit des Weins sehr hohe Anforderungen gestellt: Der Wein muss aus Trauben gekeltert sein und darf keine Zusätze enthalten. Das bedeutet zum Beispiel, dass der Most nicht aufgezuckert werden darf. Auch Wein aus Datteln oder Feigen ist nicht gestattet. Das stellte die Missionare in weinfernen Gegenden vor einige Probleme und hat den Weinbau weltweit gefördert.

Über die Zulassung des Messweins entscheidet der Bischof, der die Weine alle fünf Jahre überprüft. Die Produzenten werden schriftlich vereidigt. In Deutschland entsprechen die Prädikatsweine grundsätzlich diesen Anforderungen. Alkoholkranke Priester dürfen auch reinen Traubenmost verwenden. Sterilisierter Traubensaft ist dagegen nicht gestattet, man muss den Traubenmost also einfrieren. Und: Da Rotwein bekanntlich Flecken auf der Altarwäsche hinterlässt, wird nur Weißwein verwendet. Die Haushälterinnen haben sich da durchgesetzt.

DIE PROTESTANTISCHE KIRCHE Da den Gaben in der protestantischen oder reformierten Kirche »nur« eine symbolische Bedeutung zukommt, sind die Vorschriften dort nicht so streng. Allerdings wird den Gläubigen im Gegensatz zur katholischen Kirche das Abendmahl meist in beiden Gestalten gereicht. Viele Gemeinden verwenden daher Traubensaft statt Wein, um Menschen, die keinen Alkohol trinken wollen oder dürfen, nicht auszuschließen.

Gibt es auch koscheren Wein?

Wein wird in der Bibel häufig erwähnt und spielt in den jüdischen Ritualen eine bedeutende Rolle. Zum Beginn und zum Ende des Sabbats wird er getrunken und dabei Gott gelobt, »… der du die Frucht des Weinstocks geschaffen hast.« Archäologische Funde bestätigen, dass in Palästina bis zur Eroberung durch islamische Truppen im Jahr 636 nach Christus Reben gepflanzt wurden. Dann war Wein natürlich aus religiösen Gründen verboten.

JÜDISCHE SPEISEGESETZE

Die jüdischen Speisegesetze Kaschrut beziehen sich grundsätzlich nur auf tierische Produkte. Obst, Gemüse und Getreide gelten dagegen als erlaubt. Trotzdem genießen orthodoxe Juden nur Wein mit einem Koscher-Zertifikat, weil er auch in anderen Religionen als rituelles Getränk verwendet und daher als Teil eines Götzendienstes verdächtigt wird. Um dieses Zertifikat zu erhalten, muss er von orthodoxen Juden produziert werden und darf mit keinen nicht-koscheren Produkten in Berührung kommen. Die Verwendung von tierischen Schönungsmitteln (Gelatine, Kasein) ist nicht erlaubt.
Während der Pessach-Zeit ist es verboten, »Gesäuertes« zu sich zu nehmen. Daher ist an diesen sieben Tagen nur Wein erlaubt, der nie mit Brot oder Teig in Berührung gekommen ist.
Für in Israel hergestellten koscheren Wein gilt zudem: Die Reben müssen mindestens vier Jahre alt sein, der Weinberg muss alle sieben Jahre brachliegen, es dürfen nur Reben im Weinberg angepflanzt werden (also keine Mischpflanzungen) und ein Prozent des Weins muss als symbolischer Zehnt weggeschüttet werden.

Wie werde ich zum Weinkenner?

ERSTENS Bleiben Sie neugierig und nehmen Sie jede Gelegenheit wahr, um Weine zu verkosten. Es ist wie bei der Musik: Man kann hundert Bücher über Mozart lesen, um seine Musik aber wirklich zu verstehen, muss man sie hören. Genauso kann man hundert Bücher über Wein lesen und alles über seine Herstellung wissen. Wenn man ihn aber nicht trinkt und genießt, bleibt man für immer draußen vor der Tür. Das Prinzip heißt: Learning by tasting.

ZWEITENS Verkosten Sie bewusst. Ein kurzer Augenblick der Konzentration genügt, um Farbe, Duft und Geschmack wahrzunehmen. Mit der Zeit geht Ihnen dieser Vorgang so in Fleisch und Blut über, dass Sie sich sogar bei einem Glas Wasser dabei erwischen, wie Sie daran schnuppern. Und Sie werden erstaunt sein, was Sie darin alles entdecken.

DRITTENS Versuchen Sie, sich die Eindrücke zu merken: Dieser Wein hat so geschmeckt, dieser so. Vielleicht machen Sie sich sogar Notizen. So sind Sie gezwungen, die Beobachtungen etwas präziser zu fassen.

VIERTENS Wein ist eine gesellige Sache. Nichts fördert uns mehr auf dem Weg zum Weinkenner als der Austausch mit Freunden, Winzern und anderen Weinliebhabern. Auch Bücher und Zeitschriften können vielfältige Anregungen geben.

FÜNFTENS Vermeiden Sie die »Schmeckt-mir-Schmeckt-mir-nicht«-Falle. Jeder (oder fast jeder) Wein enthält ein Stück geschmackliches Neuland, das wir entdecken und erforschen können. Manchmal ist dieses Neuland fremd und auf den ersten Blick unverständlich. Geben Sie dem Wein (und sich) eine zweite Chance. Und plötzlich geht Ihnen ein Licht auf: Aha, so tickt dieser Wein.

SECHSTENS UND BESONDERS WICHTIG Wein ist zum Genießen da. Vergessen Sie das nie.

Am Anfang jeder Kennerschaft steht die Freude am Wein.

Register

I/J

K

L

M/N

T

U/V

Impressum

Grillparzerstr. 12, 81675 München
HALLWAG ist ein Unternehmen der GRÄFE UND UNZER VERLAG GmbH, München, GANSKE VERLAGSGRUPPE.
www.hallwag.de

Projektleitung: Anne-Sophie Zähringer
Lektorat: Cornelia Schinharl
Korrektorat: Ulrike Wagner
Satz: Uhl+Massopust GmbH, Aalen
Herstellung: Markus Plötz
Innen- und Umschlaggestaltung: independent Medien-Design, Horst Moser, München
Illustrationen: Kristina Düllmann, Kommunikationsdesign, Hamburg / Stallmann & Ganguin
Repro: Repro Ludwig, Zell a. See
Druck und Bindung: Firmengruppe APPL, aprinta druck, Wemding

4. Auflage 2014
ISBN 978-3-8338-2757-0

GRÄFE UND UNZER

Ein Unternehmen der
GANSKE VERLAGSGRUPPE

Liebe Leserin und lieber Leser,
wir freuen uns, dass Sie sich für ein HALLWAG-Buch entschieden haben. Mit Ihrem Kauf setzen Sie auf die Qualität, Kompetenz und Aktualität unserer Bücher. Dafür sagen wir Danke! Ihre Meinung ist uns wichtig, daher senden Sie uns bitte Ihre Anregungen, Kritik oder Lob zu unseren Büchern. Haben Sie Fragen oder benötigen Sie weiteren Rat zum Thema? Wir freuen uns auf Ihre Nachricht!

Wir sind für Sie da!
Montag – Donnerstag:
8.00 – 18.00 Uhr
Freitag:
8.00 – 16.00 Uhr

Tel.: 00800/72373333*
Fax: 00800/50120544*
(* gebührenfrei in D, A, CH)
E-Mail: leserservice@graefe-und-unzer.de

GRÄFE UND UNZER Verlag
Leserservice
Postfach 860313
81630 München

Hallwag

Bildnachweis: S. 13 mauritius images/Robert Harding; S. 16 StockFood/Faber&Partner; S. 29 StockFood/Eising Studio – Food Photo & Video; S. 32 mauritius images/FreshFood; S. 35 mauritius images/Pixtal; S. 43 mauritius images/SuperStock; S. 55 mauritius images/FreshFood; S. 57 Eberhard Spangenbergs GARIBALDI; S. 72 Corbis/Envision; S. 81 Corbis/Viel/photocuisine; S. 86 StockFood/Walter Cimbal; S. 108 getty images/Miquel Tres Lapez; S. 110 StockFood/Cephas, Judd; S. 115 Stockfood/Armin Faber; S. 121 StockFood/Herbert Lehmann; S. 125 StockFood/Gerhard Bumann; S. 127 Corbis/Catherine Karnow; S. 129 StockFood/Hendrik Holler; S. 131 StockFood/Cephas/Mick Rock; S. 133 Corbis/Grand Tour; S. 137 StockFood/Cephas, Judd; S. 143 StockFood/Hendrik Holler; S. 149 akg-images/British Library; S. 20, 27, 41, 46, 153 Alexander Walter